I0381990

ଗୋପଯାତ୍ରା

ଗୋପଯାତ୍ରା

ସେନାପତି ପ୍ରଦ୍ୟୁମ୍ନ କେଶରୀ

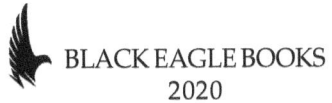

BLACK EAGLE BOOKS
2020

BLACK EAGLE BOOKS

USA address:
7464 Wisdom Lane
Dublin, OH 43016

India address:
E/312, Trident Galaxy, Kalinga Nagar,
Bhubaneswar-751003, Odisha, India

E-mail: info@blackeaglebooks.org
Website: www.blackeaglebooks.org

First International Edition Published by
BLACK EAGLE BOOKS, 2020

GOPAYATRA
by **Senapati Pradyumna Keshari**

Copyright © **Senapati Pradyumna Keshari**

All rights reserved. No part of this publication may be reproduced, stored in a retrieval system, or transmitted, in any form or by any means, electronic, mechanical, photocopying, recording or otherwise without the prior permission of the publisher.

Cover & Interior Design: Ezy's Publication

ISBN- 978-1-64560-114-2 (Paperback)

Printed in United States of America

ମୋର ଆଙ୍ଗୁଠି ଧରି
ଯେଉଁ ପରମପୂଜ୍ୟ ଗୁରୁମାନେ
କବିତାର ଆଲୋକରାଜ୍ୟକୁ
ମୋତେ ଘେନିଆସିଥିଲେ,
ସେମାନଙ୍କ କରକମଳରେ...

କବିତାର କଥା

ଦୀର୍ଘ ଚାଳିଶ ବର୍ଷ ହେଲାଣି, କବିତାରାଜ୍ୟରେ ମୁଁ ଘୂରୁଛି । କବିତା ସହ ବଂଚୁଛି, ମରୁଛି । କବିତା ବିଷୟରେ ଅହରହ ଭାବୁଛି । କବିତା ଭିନ୍ନ ଜୀବନରେ ଆଉ କିଛି ସୁଖ, ଆନନ୍ଦ ଥାଇପାରେ; ତାହା ମୋତେ ଜଣା ନାହିଁ । ମୋର ସର୍ଜନକର୍ମ ପଶ୍ଚାତରେ କେଉଁ ଅଦୃଶ୍ୟ ଅସୀମର ଆଶୀର୍ବାଦ ରହିଛି, ତାକୁ ଅନୁଭବ କରିବା ଛଡ଼ା ସାକ୍ଷାତ କରିବାର ସାମର୍ଥ୍ୟ ମୋର ନାହିଁ । କବିତା ଭିତରେ ଲୁଚିରହିଥିବା ସତ୍ୟ ଗୋଟେ ସୂକ୍ଷ୍ମ ଇସାରା ମାତ୍ର, ନା ତାକୁ ଛୁଇଁହୁଏ ନା ବଖାଣିହୁଏ । ସେହି ଅଜ୍ଞାତ ଅସୀମର କିଞ୍ଚିତ ପ୍ରକାଶ କବିତାରେ ପ୍ରତିଫଳିତ ହେବା କବିର ଜନ୍ମଜନ୍ମର ସାର୍ଥକତା । କବିର କବିତାରେ ସେପରି ଶକ୍ତି ଜାଗ୍ରତ ହେଲେ ହିଁ କବିତା ଅସୀମକୁ ଧାରଣ କରିପାରେ, ନଚେତ୍ ନାହିଁ । ଯଦିବା ଘଟେ ତାହା କବିର ନୁହେଁ, କବିତାର ସାର୍ଥକତା ।

ଶୀତସକାଳରେ ଘାସ ଦେହରେ ପଡ଼ିଥିବା ଟୋପାଏ କାକରକୁ ମୋର ଭାରି ଇଚ୍ଛା ହୁଏ ଛୁଇଁବାକୁ । ତାକୁ ମୁଁ ଆସ୍ତେକିନା ଆଙ୍ଗୁଳି ଟିପରେ ଛୁଏଁ । ନିଦରେ ଶୋଇଥିବା ଶିଶୁଟି ପରି ହଠାତ୍ ସେ ଚମକିଉଠେ । ମୋତେ ଦେଖି ଏତେ ଡରିଯାଏ ଯେ, ମୋ' ଆଖିକୁ ସେ ଆଉ କାକର ପରି ଦିଶେନା, ଦିଶେ ଯନ୍ତ୍ରଣାରେ ଓଦା ଟୋପାଏ ଲୁହ ପରି । ସେଇ ଲୁହଟୋପାକ

ପହିଲେ ମୋ' ଛାତିକୁ, ତା'ପରେ ପ୍ରାଣକୁ, ତା'ପରେ ମୋର ନିଃଶ୍ୱାସପ୍ରଶ୍ୱାସକୁ ସଞ୍ଚରିଯାଏ। ନିଜ ଅଜାଣତରେ ଆଖିଦୁଇଟି ପାଣିପାଣି ହୋଇଯାଏ। କବିତା ପ୍ରେମ ଓ ପ୍ରକୃତି ଭଳି ଖୁବ୍ ପ୍ରଭାବଶାଳୀ। ଅସୀମର ଆଭାସ ବିଷୟରେ ସେ ଜ୍ଞାତ ହେଲେ ବି ତାକୁ ବଖାଣିହୁଏ ନାହିଁ; କିନ୍ତୁ ପ୍ରାଣରେ ଅନୁଭବ କରିହୁଏ।

ଯେମିତି କବିତାର ଧାଡ଼ିମାନଙ୍କୁ ଖାଲି ପଢ଼ିଗଲେ କବିତାର ଭାବକୁ ଛୁଇଁହୁଏନି, ଅସଲ କବିତା ରହିଯାଏ ଶବ୍ଦର ଅନ୍ତରାଳରେ; ସେଇ କାକରବୁନ୍ଦାଟି ମୋତେ ସେକଥା ଜଣେଇଦିଏ। ସୂର୍ଯ୍ୟଙ୍କର ରଶ୍ମି ତା' ଭିତରେ ବିମ୍ବିତ ହେଉଥିଲେହେଁ ସେ ମାମୁଲି ଘାସପତ୍ରକୁ ହିଁ ଆଶ୍ରୟ କରେ। ମହାଶୂନ୍ୟର ଯୋଜନଯୋଜନ ଦୂରରୁ ମାଟି ପର୍ଯ୍ୟନ୍ତ ଖସିଲାବେଳେ ସେଇ ଆଲୋକପ୍ରଭାକୁ ଧାରଣ କରିବା ତା' ପକ୍ଷରେ ସମ୍ଭବ ନୁହେଁ। କବିତାରେ ସତ୍ୟର ପ୍ରକାଶ ଠିକ୍ ସେଇଭଳି ଖୁବ୍ ସୂକ୍ଷ୍ମ। ଧୂଳିମୟ ଜୀବନକୁ ଆଶ୍ରୟ କରିଥିବାଯାଏ ତା' ଭିତରେ ପ୍ରତିବିମ୍ବିତ ହେଉଥାଏ ପରମ ସତ୍ୟର ପ୍ରକାଶ। ସେଥିପାଇଁ ଧରାବନ୍ଧା ଶବ୍ଦ ଓ ଭାବକୁ କବିତା ପ୍ରତ୍ୟାଖ୍ୟାନ କରେ। ସବୁବେଳେ ନିଜ ପାଇଁ ଖୋଜୁଥାଏ ନୂଆନୂଆ ଭାଷା ଓ ଭାବ। ଯେମିତି ସମସ୍ତ ଗତାନୁଗତିକତାକୁ ସେ ଅତିକ୍ରମ କରି ଧାରଣ କରିପାରିବ ସେହି ମହାସତ୍ୟର କୁହୁକ।

ପିଲାଦିନେ ଯେଉଁ ଅବୁଝା ନିର୍ଜନତା ଭିତରୁ ମୁଁ ଖୋଜିପାଇଥିଲି କବିତାରାଜ୍ୟକୁ ଯିବାର ରାସ୍ତା, ସେଇ ନିର୍ଜନତା ହିଁ ମୋତେ କହିଦେଇଥିଲା, କାଳେ ମୋ' ଛାତି ଭିତରେ ଅଛି ଅସଂଖ୍ୟ ମହୁଫେଣା। ହେଲେ ଫୁଲରୁ ମହୁ କାଢ଼ିବାର କୌଶଳ ମୋତେ ଜଣା ନଥିଲା। ମୁଁ ଜାଣେ ମୋର ଅସହାୟତା। ଗୋଟେଗୋଟେ କବିତା ଜନ୍ମଦେବା ପରେ ହିଁ ମନେହୁଅନ୍ତି ବିକଳାଙ୍ଗ ଶିଶୁ ପରି। ସେତେବେଳେ ମନରେ ଯେଉଁ ବିଷାଦର ଧୂମାଳ ଉଠେ, ତାହାର ପୀଡ଼ା ରୁନ୍ଧିପକାଏ ଛାତିକୁ। ଭାରି ଅର୍କ୍ଷିତ ଲାଗେ ଜୀବନ। ମୋର କବି ହେବାର ତପସ୍ୟା ଯେମିତି ଗୋଟାଏ ମୁହୂର୍ତ୍ତରେ ଶୂନ୍ୟରେ ମିଳେଇଯାଏ। ଭାରି ଅଣନିଃଶ୍ୱାସୀ ଲାଗେ। ପରମୁହୂର୍ତ୍ତରେ ପୁଣି ମୁଁ ବୁଝେଇଦିଏ ନିଜକୁ। ଆସନ ସଜାଡ଼ି ବସିବସି ଅପେକ୍ଷା କରେ ଆଉଗୋଟେ ଫୁଲଫୁଟା ମୁହୂର୍ତ୍ତକୁ। ତାହା କେବେ ଆସିବ, କାହାକୁ ଜଣା ନଥାଏ।

ଗୋଟେ ଅନ୍ତହୀନ ଅନ୍ୱେଷଣରେ ବିଭୋର ହୋଇ କବିଟିଏ ଉତ୍ତୁଙ୍ଗ ପର୍ବତଶିଖରକୁ ଚଢ଼ିଯାଏ ସତ; କିନ୍ତୁ ନିଜ ଭିତରେ କାହିଁ କେତେବର୍ଷ ତଳୁ ଦବିରହିଥିବା ଅଶ୍ରୁ-ଝରଣାକୁ ସେ ରୋକିପାରେନା। କାରଣ ଦୁଃଖ ହିଁ କବିର ସବୁଠାରୁ ଗହନ ଯୋଗ୍ୟତା ଆଉ ଅନ୍ଧାର ଏକ ବିଶ୍ୱସ୍ତ ସାନ୍ତ୍ୱନା। ସ୍ମୃତିର ଜୀବନ୍ତ ପୀଡ଼ା ଭିତରଦେଇ ସେ ଦୁନିଆର ସବୁ ସମ୍ପର୍କର ସ୍ୱାଦ ପରଖିବାକୁ ଚାହେଁ। ସେଥିପାଇଁ ଚିରକାଳ

ଦରାଣ୍ଡିହେଉଥାଏ ସ୍ମୃତିମାନଙ୍କୁ। କୌଣସି ସମ୍ପର୍କୀୟ ସହିତ ମାନ ଅଭିମାନ ହେଲେ ସେ ସମ୍ପର୍କକୁ ଆଦୌ ଅଣଦେଖା କରିପାରେନା। ବାରମ୍ବାର ଝୁରିହେଉଥାଏ ନିରୋଳାରେ। ପ୍ରତିଟି ସମ୍ପର୍କ କବିର ଛାତିରେ ଛୁରୀରେ ଟଣା ହୋଇଥିବା ଗୋଟେଗୋଟେ ଗାର ପରି। ଚିର ଅଲିଭା। ତେଣୁ ପାଠକଟିଏ କବିତା ପଢ଼ି ଯେଉଁ ଧାଡ଼ିଗୁଡ଼ିକ ଭିତରେ କିଛି ମୁହୂର୍ତ୍ତ ପାଇଁ ହଜିଯାଏ ଓ ତାକୁ କବିତାର ମାର୍ମିକପଣ ବୋଲି ଅନୁଭବ କରେ, ତାହା ପ୍ରକୃତରେ ସେଇଆ ନୁହେଁ। ବରଂ ତାହା କବିର ପୁରୁଣା ସ୍ମୃତିର କ୍ଷତ ଭିତରୁ ଝରୁଥିବା ବୁନ୍ଦାବୁନ୍ଦା ରକ୍ତରେ ଗଢ଼ା ଗୋଟେ ନିଃଶବ୍ଦ ମୂର୍ଚ୍ଛନା; ଯାହାକି ପାଠକର ଅଙ୍ଗେନିଭା ପୀଡ଼ା ସହ ଅବିକଳ ମିଶିଯାଏ ଏବଂ ଗୋଟେ ସମୟରେ ଉଭୟ କବି ଓ ପାଠକ ଏକାତ୍ମ ହୋଇଯାନ୍ତି ଗୋଟିଏ ବିନ୍ଦୁରେ। ତା'ପରେ କବିର କବିତା ଆଉ ତା' ନିଜର ହୋଇ ରହେନା, ତାହା ପାଠକମାନଙ୍କର ହୋଇଯାଏ। ସେଥିପାଇଁ ଦେଖାଯାଏ, ନିଜେ ଲେଖିଥିବା କବିତାର ଧାଡ଼ି ଅନେକ ସମୟରେ କବିର ମନେ ନଥାଏ; କିନ୍ତୁ ପାଠକଟିଏ ସ୍ମରଣ ରଖି ଅକ୍ଳେଶରେ ଆବୃତ୍ତି କରିନିଏ।

କବିତା ପାଖରେ କି ଆକର୍ଷଣ ଥାଏ କେଜାଣି, କବିର ମନ ଭିତରେ ଜୀବନକୁ ପ୍ରଚଣ୍ଡଭାବେ ଭଲପାଇବାର ପାଗଳାମି ବଢ଼େଇଚାଲେ। ଜୀବନକୁ ଗୋଟାପଣେ ଛାତିରେ ଜାବୁଡ଼ିଧରିବାଲାଗି ସେ ନିଜର ଅମାପ ଦୁଃଖ ଓ ଦୁର୍ଯୋଗମାନଙ୍କୁ ମଧ୍ୟ ସମାନ ଭାବରେ ଭଲପାଏ, ଯେମିତି ଭଲପାଉଥାଏ ସୁଖ ଓ ସୁଯୋଗମାନଙ୍କୁ। ପିଠିର କ୍ଷତକୁ ଚାଟିଚାଟି ରକ୍ତଜୁଡୁବୁଡୁ କରି ଗୋରୁମାନେ ଯେମିତି ଗୋଟେ ଅଲଗା ପ୍ରକାର ଯନ୍ତ୍ରଣାଜର୍ଜର ଆନନ୍ଦ ପାଆନ୍ତି, କବିଟିଏ ଠିକ୍ ସେମିତି ଜୀବନର ସବୁ ଅଭାବ, ଅସଫଳତାର ଯନ୍ତ୍ରଣାକୁ ଗାଢ଼, ଗଭୀର କରି ତହିଁରୁ ଖୋଜିପାଏ ନୂଆନୂଆ କବିତାର ପଂକ୍ତି।

କବିତା ପାଖରେ ବାରମ୍ବାର ପରାଜିତ ହେଲେ ମଧ୍ୟ ପ୍ରକୃତ କବିଟି ମନରେ କୌଣସି ଖେଦ ବା ଅବସୋସ ନଥାଏ। ବସୁଦେବର ପିତୃପଣ ମୃତ୍ୟୁଭୟରେ ବିଚଳିତ ନିର୍ଦ୍ଦୟ କଂସ ହାତରେ ବାରମ୍ବାର ତିରସ୍କୃତ ହେଉଥିବା ପରି କବିଟିଏ ସେଇ ମେଘମେଦୁରିତ ବର୍ଷାଅନ୍ଧାର ରାତି ଭିତରୁ ଫର୍ଚ୍ଚା ଜହ୍ନର ଆଲୁଅକୁ ତଥାପି ଅପେକ୍ଷା କରିଥାଏ। ଯେଉଁ ରାତି ତାକୁ କେବଳ ସାର୍ଥକ ପିତୃତ୍ୱର ଗୌରବ ଦେବନାହିଁ; ବରଂ ସକଳ ଅବିଚାର, ସମସ୍ତ ଅଧର୍ମ, ଅନ୍ୟାୟ ବିରୋଧରେ ଯମୁନାର ଭରାନଦୀକୁ ଦି'ଭାଗ କରିଦେଇ ଫିଟେଇଦେଇପାରିବ ଏକ ମୁକ୍ତିପଥ। ଯେଉଁଠି ପରାଜିତ ହେବ ସବୁ ଅହଂକାର, ଯାବତୀୟ ଔଦ୍ଧତ୍ୟ। ଅସଂଖ୍ୟ କାଳରାତ୍ରିର ଅବସାନ ଘଟାଇ ମାନବଜାତିକୁ

ଦେବ ଏକ ନିର୍ଭୀକ ଗୋପଯାତ୍ରାର ଆହ୍ୱାନ। ବାସ୍ତବରେ କବିଟି ହେଉଛି ସେଇ ନିର୍ଯାତିତ ପିତା ବସୁଦେବ, ଯିଏ ରାଜଶକ୍ତି ବିରୋଧରେ ଛିଡ଼ାହେବାକୁ ନିଜର କବିତାରୂପୀ ଶିଶୁକୃଷ୍ଣଙ୍କୁ ମଥାରେ ଧରି ବର୍ଷାଅନ୍ଧାର ରାତିରେ ଗୋପନଗ୍ରକୁ ବାହାରିପଡ଼େ। ପରିଣତି ଯାହା ହେଉନା କାହିଁକି, ତା'ର ଏକମାତ୍ର ଲକ୍ଷ୍ୟ ଧର୍ମର ପ୍ରତିଷ୍ଠା ଓ ଅଧର୍ମର ଅବସାନ। ସେଇ ଆନନ୍ଦମୟ ଅଭିଯାନର ଅଭୀପ୍ସା ରଖେ ଏଇ ସଂକଳନର ସମସ୍ତ କବିତା। ଏଠାରେ ଗୋପପୁର ଆନନ୍ଦ, ପ୍ରେମ ଓ ମୁକ୍ତିର ଏକ ଭିନ୍ନ ପ୍ରତୀକ; ଯାହା କବିତାମାନଙ୍କର ଉତ୍ସ ଭାବରେ ପୁରାଣ ସହ ସମକାଳର ବାସ୍ତବତାକୁ ସଂଯୁକ୍ତ କରିବାର ଏକ ବଳିଷ୍ଠ ଯୋଗସୂତ୍ର। ଏହି ମହାନ୍ ପୌରାଣିକ ଆସ୍ଥା ଓ ଅତୁଟ ବିଶ୍ୱାସ ହିଁ ଏଥିରେ ସ୍ଥାନିତ କବିତାଗୁଡ଼ିକର ମୂଳ ପ୍ରେରଣା, ଯାହା ପରବର୍ତ୍ତୀ ପିଢ଼ିର ଯୁବମାନସ ଭିତରେ ଅସୀମ ଧୈର୍ଯ୍ୟ ଓ ସାହସିକତା ସୃଷ୍ଟି କରିବା ନିମନ୍ତେ ଏକ ପରୋକ୍ଷ ପ୍ରଚୋଦନା।

ଆମେରିକାର ସମ୍ଭ୍ରାନ୍ତ ପ୍ରକାଶନ ସଂସ୍ଥା 'ବ୍ଲାକ୍ ଇଗଲ୍ ବୁକ୍ସ' ମୋର ଏଇ ନବମ କବିତାଗ୍ରନ୍ଥ 'ଗୋପଯାତ୍ରା'କୁ ପ୍ରକାଶ ନିମନ୍ତେ ଆଗ୍ରହ ଦେଖାଇଥିବାରୁ ମୁଁ ଏହି ସଂସ୍ଥାର ସ୍ୱତ୍ୱାଧିକାରୀ କବି ସତ୍ୟ ପଟ୍ଟନାୟକଙ୍କ ନିକଟରେ ଋଣୀ। ମୋ' କବିତା ଉପରେ ସେ ଗଭୀର ଆସ୍ଥା ଓ ବିଶ୍ୱାସ ରଖିଥିବାରୁ ମୁଁ ଅତ୍ୟନ୍ତ ଆନନ୍ଦିତ। ଏହି ସଂକଳନରେ ସ୍ଥାନିତ କବିତାଗୁଡ଼ିକ ପୂର୍ବରୁ ବହୁ ସ୍ୱନାମଧନ୍ୟ ଓଡ଼ିଆ ପତ୍ରପତ୍ରିକାରେ ପ୍ରକାଶ ପାଇ ପାଠକମାନଙ୍କ ଆଦର ଲାଭ କରିଛି। ଏହି ଶୁଭ ଅବସରରେ ମୁଁ ମୋର ପ୍ରିୟ ପାଠକଙ୍କ ସମେତ ସମ୍ପୃକ୍ତ ପତ୍ରପତ୍ରିକାର ସମ୍ପାଦକମାନଙ୍କୁ ମୋର ହୃଦୟର କୃତଜ୍ଞତା ଜ୍ଞାପନ କରୁଛି। ଶେଷରେ, ଅନୁଜପ୍ରତିମ ସାହିତ୍ୟିକ ବନ୍ଧୁ ବ୍ରହ୍ମାନନ୍ଦ ବିଶ୍ୱାଳ ଏଇ ପୁସ୍ତକର ନିର୍ଭୁଲ୍ ଅକ୍ଷରସଜ୍ଜା ପ୍ରସ୍ତୁତ କରିଦେଇଥିବାରୁ ମୁଁ ତାଙ୍କୁ ଆନ୍ତରିକ ସାଧୁବାଦ ଜଣାଉଛି।

- ସେନାପତି ପ୍ରଦ୍ୟୁମ୍ନ କେଶରୀ

କବିତାକ୍ରମ

ଖୋଲା ବେଶ	୧୩
କେଳା	୧୫
ଦାଗ	୧୭
ପାର୍ସଲ ବୋମା	୧୯
ଅନେକ ଦିନ ପରେ	୨୨
ପୁନଶ୍ଚ ପୂତନା	୨୪
ଟ୍ରାଫିକ୍ ଜାମ୍	୨୭
ସତ କହୁଚି	୨୯
ଅତର	୩୧
ଜାରଜ	୩୩
ପାଗଳ କୋଣାର୍କ	୩୬
ତୁମକୁ ଖୋଜିଆଣେ ରାତି	୩୯
ରାତିର ଚାରିକାନ୍ଥ	୪୨
ଝିଂକାରି	୪୫
ମରଣର ମାଆ ରୂପ	୪୮
ଦି'ଭାଗ ଜୀବନ	୫୦
ବାପା	୫୨
ଇନ୍ଦ୍ରଧନୁ	୫୫
ଲାଭା	୫୮
ସୂର୍ଯ୍ୟାସ୍ତର ଅର୍ଥ ନୁହେଁ ସୂର୍ଯ୍ୟର ମରଣ	୬୦
ବିସ୍ଥାପିତ	୬୩
ଅପାଠ	୬୬
ଉଜ୍ଜ୍ୱଳ ଅରଣ୍ୟ	୬୮
ପାଲଛାଞ୍ଚ	୭୦
ଯାଦୁକର	୭୨
ହୃଦୟର ନବଜନ୍ମ	୭୫

ଗୋପଯାତ୍ରା

ଜଙ୍ଗଲ ବୁଲା	◆	୭୮
ମଥବିର	◆	୮୦
ମୃତ୍ୟୁ ସହ ଲୁଚକାଳି	◆	୮୩
କୁଆଁକୁଆଁ	◆	୮୭
ଅସଲ ଚିତ୍ର	◆	୮୯
ବଙ୍କା ହସ	◆	୯୧
ଘର ତୋଳିବାର ସ୍ୱପ୍ନ	◆	୯୫
ଦେହର ଛାଇ	◆	୯୮
ଆକାଶରେ ମେଘ ନାହିଁ	◆	୧୦୦
ଯେବେ ଦେହ ନଥିଲା	◆	୧୦୨
କଳଙ୍କ	◆	୧୦୫
ନିଷାଦର ଫାଶ	◆	୧୦୭
ପୁରୀ	◆	୧୧୦
ପବନ ଖୋଜା	◆	୧୧୨
ନୂଆ ସଂପର୍କ	◆	୧୧୪
ଜହ୍ନରାତି	◆	୧୧୬
ଅହିସୁଲକ୍ଷଣୀ	◆	୧୧୮
ଯୁଦ୍ଧ : ନବକଳେବର	◆	୧୨୦
ଦିଆସିଲି ଖୋଳ	◆	୧୨୨
ମେଳଣ	◆	୧୨୫
ନୂଆ କଢ଼	◆	୧୨୭
ଭଙ୍ଗା ବାକ୍ସ	◆	୧୩୦
ବସନ୍ତ ଚିତ୍ର	◆	୧୩୩
ଗୋପଯାତ୍ରା	◆	୧୩୬

ଖୋଲା ବେଶ

କିଛି ନପିନ୍ଧିବା ବି
ଗୋଟେ ଅଲଗା ରକମର ସଜବାଜ !

ଓଠ ନଖୋଲି
ଜଣେ ଘୁଙ୍ଗା ପାହାଡ଼କୁ ଶୁଣେଇପାରେ
ଗୋଟେ ଅନନ୍ୟ ପ୍ରେମଗୀତ !

ଚାହାଣିର ଇନ୍ଦ୍ରଧନୁରେ
କିଏ ଲେଖୁଥାଏ କେଜାଣି
ଏଡ଼େ ସୁନ୍ଦର ସକାଳ ସଂଜର ଆତ୍ମବୃତ୍ତାଂତ !

ଏ ଦେହର ଦିଗ୍‌ବଳୟରେ
ଯେଉଁ ତାରକାମାନଂକର ଆତଯାତ
ମାଟିର ଶାଗୁଆ ଗୋଠରେ
ଯେଉଁ ମେଘ ପବନର ମହୋତ୍ସବ
ଫର୍ଚ୍ଚା ଆଲୁଅ ନୁହେଁ,
ଅନ୍ଧାର ଭିତରେ ହିଁ ଛପିଥାଏ
ସେଇ ଅଭୁଲା ଖୁସିର ମୁକ୍ତ ମହକ !

କେବଳ ନଜରରେ ଫରକ।
ଯେଉଁ ଫୁଲ
ନନ୍ଦନବନର ଦୁର୍ଲଭ ପାରିଜାତ
ସିଏ ହିଁ
ମର୍ତ୍ତ୍ୟକୋଣାର୍କର
କାମୋନ୍ମତ୍ତା ନଗ୍ନନଟୀର ଉନ୍ନତ ବକ୍ଷୋଜ !

କିଛି ନପିନ୍ଧିବା
ଗୋଟେ ନଗ୍ନତା ନୁହେଁ,
ଗୋଟେ ନିଷ୍ପାପ ସରଳତା।
ନିଘଞ୍ଚ ବଣମୁଲକର
ଆଦିବାସୀ ରମଣୀର ଖୋଲା ଦେହଟି
ଯେମିତି ଗୋଟେ ଛଳଛଳ ଜୀବନ୍ତ ଚିତ୍ରକଳା !
ଯେମିତି ସନ୍ତାନକୁ କ୍ଷୀର ଦେଲାବେଳେ
ଦୀପ୍ତିମନ୍ତ ଦିଶେ ଗୋଟେ ମାଆର ଖୋଲା ଛାତି !

ଥରେ ଭାବି ଦେଖ ତ,
ଜଣେଜଣେ
ଦାମୀ ପୋଷାକ ପିନ୍ଧିଥିଲେ ବି
କାହିଁକି ଏତେ ନଗ୍ନ ଦିଶଂତି ?
ଆଉ ଲଙ୍ଗଳା ଶିଶୁମାନେ
କିଛି ନପିନ୍ଧି ବି
କେମିତି ସବୁରି ହୃଦୟ କିଣିନିଅଂତି ?

ଠିକ୍ ଯେମିତି
ଲୋମାଚ୍ଛାଦିତ ସଁବାଳୁଆଠୁ
ଅତି ସୁନ୍ଦର ଦିଶେ
ଗୋଟେ ଖୋଲାମେଲା ରଂଗିନ୍ ପ୍ରଜାପତି !

■■

କେଳା

ସାପ ପାଳିବା ବଡ଼କଥା ନୁହେଁ,

ବଡ଼କଥାଟି ହେଲା -
ସାପର ଫଁଫଁ ଗର୍ଜନ,
ଏକାଗ୍ର ଦୃଷ୍ଟି
ଆଉ ଉତ୍ତୋଳିତ ଫଣାର
ହାଲ୍‌କା ହାଲ୍‌କା ଦୋଳନ ଦେଖି
ବିଭୋର ହେବା !

ଯିଏ ଅସଲ କେଳା ସିଏ ଜାଣେ
କୋଉ ସାପକୁ ମାନିବ
କେତେବଡ଼ ପେଡ଼ି
ଗେହ୍ଲାଗେହ୍ଲା...
ଗୋବରଲିପା
ଯେମିତି ବିଶ୍ରାମ ବେଳେ
ସାପର ନରମ ଦେହକୁ ବାଧିବ ନାହିଁ।

ଅସଲ କେଳାଟି ଜାଣେ :
କୋଉ ପାହାଡ଼ ଗର୍ତ୍ତରେ
କୋଉ ହିଡ଼, ଗହୀର
ବଣବୁଦାର ପୁରୁଣା ହୁଙ୍କାରେ
ସାପର ଘର ଅଛି।

ପେଟ ନିଆଁ ତ ମାମୁଲି କଥା
ତେଣିକି ନିଘା ଦିଏନା କେଳା।

ଯେତେବେଳେ
ଅଦ୍ଭୁତ ଖିଆଲରେ
ସେ ପଦ୍ମତୋଳା ଗାଏ,
ସାପ ବି ତାକୁ ଶିବଙ୍କ ପରି ଦିଶେ!
ଯେମିତି ନୀଳନିଆଁର ଢେଉଟିଏ
ଢଳଢଳ
ଶୂନ୍ୟଶୂନ୍ୟ ମହାଶୂନ୍ୟରେ।

କେଳା ଓ ସାପର ସଂପର୍କ ଦେଖିଲେ
ଈଶ୍ୱର ବି ଚାହିଁରହନ୍ତି ଘଡ଼ିଏ।

ତମାମ୍ ଜୀବନ
ବିଷ ସମୁଦ୍ରକୁ ଭାରରେ ବୋହିବୋହି
କେଳାଟି ବୁଲୁଥାଏ ଗାଁକୁ ଗାଁ...
ସହର ବଜାର
ବୁଲିବୁଲି
ସାପ ଖେଳୋଉଥାଏ।

ସାପକୁ ଗଳାରେ ଲମ୍ବେଇ
ଗରଳକୁ
ଅମୃତ କରୁଥାଏ।

■■

ଦାଗ

ଏବେ ବି ରକ୍ତର ଦାଗ
ଲିଭିନି ୟୁନିଫର୍ମରୁ
ବହିର ପୃଷ୍ଠାରୁ ଲିଭିନି
ଲୁହବତୁରା ଧୂଳିର
ଘୋଷରା ଚିହ୍ନ।

ଯାହା ପୋଷ୍ଟର ପରି
ନିଜ ଛାତିରେ ମାରିଚି ଇତିହାସ
ଏବେ ସିଆଡ଼େ ନଚାହିଁବା ଭଲ।

ରାତି ଶୋଇ ନଥିଲା ସେତେବେଳକୁ
ବଜାର ବସ୍ତିରୁ
ଥମି ନଥିଲା ଆଲୁଅର ହାଉଯାଉ
କମି ନଥିଲା ଗାଡ଼ିଘୋଡ଼ାର ହୁମୁଦୁମୁ !
ବେଳେବେଳେ
କେବିନ୍ ପଛପଟୁ ଶୁଭୁଥିଲା
ଭୁଟ୍‌ଭାଟ୍,
ରାତିର ନିର୍ଜନ ଛାଇ ସହ
ଦେହର ଟୁପ୍‌ଟାପ୍।
ତଥାପି ଟହଲୁଥିଲେ
କୁକୁରପଲ
ଏ ଗଳିରୁ ସେ ଗଳି
ଖୋଜୁଥିଲେ ପବନ ପଣତରୁ

ଆଇଁଷ ଗଂଧ
ଏତେ କୋଳାକୋଳି ଭିତରେ
କେତେବେଳେ ହଜିଗଲା
ଷୋଳଟି ବସନ୍ତର ଛାୟାଚିତ୍ର ?

ସେଦିନ ଅପରାହ୍ଣରେ
ଯେଉଁମାନଙ୍କ ହାଜିରାଖାତା
ଥିଲା ଠିକ୍‌ଠାକ୍,
ଯାହାର ଘରଫେରନ୍ତା ଗାଡ଼ି,
ପିଲାଙ୍କ ବହିବସ୍ତାନି, ଟିଫିନ୍ ବାକ୍ସ
ଠିକ୍‌ଠାକ୍ ଫେରିଆସିଥିଲା...
ସେମାନଙ୍କ ଘରେ
ବେଶ୍ ଜମିଉଠୁଥିଲା ଚା' ଆସର
ଓ ଟିଭିରେ ମିକିମାଉସ୍‌ର
ଜମାଣିଆ କୌତୁକ ।

ଯାହା ଘରେ
ତଥାପି ଥିଲା ଏକ ଅଜଣା ଭୟ
ଅଶାନ୍ତ ଉଦ୍‌ବିଗ୍ନତା
ଯାହାର ଦୁଆରଠାରୁ ଦାଣ୍ଡ ଯାଏ
ତଥାପି ଘୂରିବୁଲୁଥିଲା
ବେଜାଏ ଆଶଙ୍କାର ମାଇସଂଜ
ତା' ବିଷୟରେ
ବେଖବର ଥିଲା ବ୍ୟସ୍ତ ସହର
ବେଖବର ଥିଲେ ରାସ୍ତାଘାଟ
ଏବଂ ବଜାର ଭିତରକୁ
କଳାଷଣ୍ଢ ପରି
ଧସେଇ ପଶୁଥିବା ମାତାଲ୍ ଅନ୍ଧାର ।

ପାର୍ସଲ ବୋମା

ମୃତ୍ୟୁ କ'ଣ ଏକ ସୁନ୍ଦର ଶୁଭେଚ୍ଛା ?
ଲୋଭନୀୟ ଉପହାର ପରି ଦିଶୁଥିବା
ଜରିକାଗଜ ଭିତରେ
ସଯତ୍ନେ ସାଇତା
ଗୋଟେ ଛଦ୍ମବେଶୀ ଚୁମା !

ମୃତ୍ୟୁ କ'ଣ ଗୋଟେ କୁଳବୁଡ଼ା ପ୍ରେମ ?
ନୀଳ ଶୂନ୍ୟତାର ସଂକ୍ରମିତ ଆଲିଂଗନ !
ମୃତ୍ୟୁ କ'ଣ ଗୋଟେ ବିଫଳ ଅହଂର
କୁତ୍ସିତ ପାଗଳପଣ ?
ଯିଏ କଅଁଳ କଢ଼ିମାନଙ୍କୁ ଦଳିମକଚି
ଝଡ଼ରେ ଉଡ଼େଇଦେବାକୁ
ନିଜ ଭିତରେ ଆଙ୍କୁଥାଏ
ଗୋଟେ ସର୍ବଗିଳା ମାନଚିତ୍ର !

ବିଶ୍ୱାସ ହୁଏନି
ଗୋଟେଗୋଟେ ଉପହାର ଭିତରେ

କେମିତି ଲୁଚିଛପି ଆସେ
କ୍ଷମତାକାଙ୍ଗାଳ ମଣିଷର
ମାୟାବୀ ଆଶୀର୍ବାଦ !
ଗୋଟେ ତୀକ୍ଷ୍ଣ ଆଲ୍‌ପିନ୍ ପରି
ଅଟକିଯିବାକୁ ଠିକ୍ ଗଳା ପାଖରେ !

ବିଶ୍ୱାସ ହୁଏନି
ପ୍ରେମର କପୋତ ପରି ଦିଶୁଥିବା
ଗୋଟେ ଶୁଭପକ୍ଷୀ
କେମିତି ଗୋଟେ ଫୁଲର ଉପତ୍ୟକା
ହଠାତ୍ ଜଳାଇଦେଇପାରେ ।
ଆଖି ଦେଖୁଥାଏ
ନଦୀର ଚୁଲ୍‌ବୁଲି ଲହରୀମାନଙ୍କର
ଛଟପଟ ମୃତ୍ୟୁ !
ଆଖି ଦେଖୁଥାଏ
ଜଳରେ ଖେଳୁଥିବା
ଛୋଟିଆ ନଉକାଟିର
ଶୁନ୍‌ଶାନ୍ ଡଙ୍ଗାବୁଡ଼ି !

ଏବେ ଯୋଉଠି ଦେଖ
ନିଭୃତରେ ବୋମା ଭିଡୁଥିବା
ଗୋଟେ ରକ୍ତଆଖିରେ
ଲୁଚିଥିବ ବିସ୍ଫୋରଣ ।
ହାତଘଣ୍ଟା, କାନ୍ଥଘଣ୍ଟା
ଟେବୁଲ୍‌ଘଣ୍ଟାମାନଙ୍କୁ ପଚାର
ସେମାନେ ଏବେ କାହିଁକି ସ୍ଥିର !
କାହିଁକି ତାଙ୍କ କଣ୍ଠରୁ ହଜିଗଲା
ନିରବଚ୍ଛିନ୍ନ ସମୟର ଓଁକାର !

ସବୁ ପ୍ରାର୍ଥନା, ସବୁ କୋଳାହଳ
ହୃତ୍‌ପିଣ୍ଡର ଉଠ୍‌ପଡ୍‌
କେମିତି ପାଲଟିଗଲେ ପାଉଁଶସ୍ତୂପ !

କୋଉ ହିଂସ୍ର ପଶୁର ମୁନିଆ ନଖଦାନ୍ତରେ
ହସଖୁସିର ଶୁଆଶାରୀମାନେ
ଏବେ ପକ୍ଷହୀନ, ଲହୁଲୁହାଣ !
ହୁଏତ ଈଶ୍ୱର ଜାଣିନଥିବେ
ତାହା ଥିଲା ଝଡ଼ର ମାୟା
ନା କାହାର ସୈତାନୀ ଆଖିର
କରାଳ ଲାଭାସ୍ରୋତ !
ହୁଏତ ଜାଣିଥିଲେ ଜାଣିଥିବ
ଗୋଟେ ନିରୀହ କ୍ଷତବିକ୍ଷତ ଛାତି
ଯା'ର ନାଁ ପାଟଣାଗଡ଼ !

■■

ଅନେକ ଦିନ ପରେ

ଅନେକ ଦିନ ପରେ
ଆମର ଆକସ୍ମିକ ସାକ୍ଷାତ
ମତେ ହସ ମାଗୁଥିଲା, ଖୁସି ମାଗୁଥିଲା।
ଦେଖିଲି
ତୁମ ଚାହାଣିରେ
ଅସରା ଆୟୁଷର କୁଆଁତାରା।

ବିଶ୍ୱାସ ହେଉନଥିଲା।
ତୁମେ ସେଦିନ ଯେମିତି
ଓଦାମାଟି ପରି ଦିଶୁଥିଲ
ତୁମ ତନୁ ଅଗଣାରେ
ପୁଚି ଖେଳୁଥିଲା
ଭିଜା ଶ୍ରାବଣର ସଂଜବାଆ।

ତୁମ ସହିତ ଗପୁଗପୁ
ଗଡ଼ିଯାଉଥିଲା ଗାଧୁଆବେଳ
ଆଉ ପଛରେ ଆସି
କେତେବେଳେ
ଛିଡ଼ା ହେଲାଣି ବୋଉ
ନଜର ନଥିଲା।

ଭାବୁଥିଲି
ତୁମ ଛାତିର ଧାନବିଲରେ
ଆଉ ନଥିବ
ସେଦିନ ପବନର ମେଘ ଦୁଷ୍ଟାମି
ତୁମ ଓଠରୁ
ସମୟ ଛଡ଼େଇନେଇଥିବ
ମିଠାଗୀତର ଧୁନ୍...
ପ୍ରଜାପତି ଡେଣାର ଚୁଲ୍‌ବୁଲିପଣ ।

ଆଜି ତୁମକୁ ଦେଖିଲାପରେ
ଭାବୁଚି, ତୁମେ ଯା' ଭିତରେ
ଟିକେ ବି ବଦଳିନାହଁ !
ଯେମିତି ସେଦିନ ଦିଶୁଥିଲ
ଗୋଟେ କଅଁଳ ଲତାର
ପ୍ରଥମ ଫୁଲ ପରି ଭାରି ଲୋଭନୀୟ
ଆଜି ବି ସେମିତି ଲାଗୁଚ !

■ ■

ପୁନଶ୍ଚ ପୂତନା

ତୁମେ ପରା ସେଇ କାଠ ?
ନିଜେଇ ନିଜକୁ
ବାରମ୍ବାର ହାଣୁଥାଅ
ନିଜେ ହୋଇ କୁରାଢ଼ୀର ବେଣ୍ଟ !

ଅସନା ବକ୍କଳଯାକ ଛେଲି ଛଡ଼େଇ
ଏ ଦିହକୁ କରିଦିଅ
ଘିଅ ପରି ସୁନ୍ଦର ଚିକ୍‌କଣ।

ଦିନେ ଯୋଉ ବୀଭତ୍ସତା ଥିଲା
ମୋର ଚର୍ମରେ ଲୋମରେ
ଯୋଉ ଲୋଲୁପତା ଥିଲା
ମୋ ଆଖିରେ ଓଠରେ
ଯୋଉ କଠୋରତା ଥିଲା
ମୋ ହସରେ ଭାଷାରେ
ସେସବୁ କୁଆଡ଼େ
ଉଭେଇଗଲା କେଜାଣି !

ଏବେ ଲାଗୁଚି
ଯେମିତି ମୁଁ ଗୋଟେ କାଠରେ

ତିଆରି ଫୁଲଦାନି
ଯଦିଓ
ବହୁତ ଫାଙ୍କା ମୋ’ ଭିତର...
ଯାହା ପଦାକୁ ଦିଶେନି।

କିନ୍ତୁ ତୁମେ
ଯେନ୍ତାଏ ଫୁଲ ପରି
ଯେତେବେଳେ ମୋ ଉପରେ
ସଜେଇହେଇ ବସିପଡ଼
କୁଆଡ଼େ ଲୁଚିଯାଏ
ଖାଁ ଖାଁ ଶୂନ୍ୟ ଖରାବେଳ !

ତୁମ ଛଡ଼ା
ଆଉ କାହାକୁ ଦେବି କୁହ ତ
ମୋ ଫୁଟା ଚାଳରୁ
ଝରୁଥିବା ବର୍ଷାପାଣି ?
ମୋ ଫଟା କାନ୍ଥ ଭିତରୁ ଉଠିଥିବା
ଓସ୍ତ ଗଛ ?
ମୋ ଚୁଲିରୁ
କଢ଼ାହୋଇ ନଥିବା ପାଉଁଶ ?
ତୁମ ଛଡ଼ା କିଏ ବା ଆଉ
ମୋର ଲଜ୍ଜା ଘୋଡ଼ାଇବ
ଅର୍ଖ ନୂଆ କରିଦେଇ
ମୋ’ ଚିରା ପଣତ ?

ଜହ୍ନ ବୁଡ଼ିବା ଆଗରୁ
ତୁମ ଛଡ଼ା କିଏ ବା ଫୁଟେଇପାରିବ
ମୋ ଟୁବିଗାଡ଼ିଆରେ ବନ୍ଧ୍ୟା କଇଁଫୁଲ ?

ତୁମେ କାଠ ହୁଅ କି ପଥର
ପାଉଁଶ ହୁଅ କି ଚନ୍ଦନ,
ମୁଁ ଜାଣେ
ତୁମେଇ ମୋ ଘରବାଟ ଦେଇ
ପଠାଅ ଫୁଲଶଗଡ଼ରେ
ଗୋଟେଅଧେ ଅଚିହ୍ନା ଫଗୁଣ !

ସେ ଫଗୁଣ
ମୋ' ଆଡ଼େ ଚାହୁଁ କି ନଚାହୁଁ
ମୁଁ ତାକୁ ଚାହିଁବା ମାତ୍ରକେ
ମୋ ଛାତିର ଶୂନ୍ୟଜାଗାସବୁ
ପାଲଟିଯାଏ ସୁଗନ୍ଧ ଅରଣ୍ୟ !

ଟ୍ରାଫିକ୍ ଜାମ୍

ଆଗକୁ ଯିବାର ବାଟ
ବିଲ୍‌କୁଲ୍ ବନ୍ଦ
ପଛକୁ ଫେରିବା
ଆହୁରି କଠିନ।

ମାଛିଟେ ଉଡ଼ିଯାଉଚି, ଉପରେ
ବେଫିକର...
ଲଗାମହୀନ...

ମୋ' ମୁହଁକୁ ଛାଟିଦେଉଚି
ଲଣ୍ଡାଏ ଛେପ।

ପକେଟ୍‌ରେ ହାତ ପୂରେଇ
ରୁମାଲ କାଢ଼ିବାକୁ
ମୁଁ ଅସମର୍ଥ।

ଲାଗୁଚି
ଛାତିର ଉଠ୍‌ପଡ୍ ବି ନିଃଶବ୍ଦ।
ମନ ଭିତରେ କୋଉଠି
ଅଟକିଚି ପବନର ଚଳପ୍ରଚଳ।

ପାଣିନଳାରେ
ପଶିଗଲା ପରି ମେଞ୍ଚେ କାଦୁଅ ।

ତେଣେ ଶୂନ୍ୟ ଅଗଣାରେ
ଏକାଏକା ଶୂନ୍ୟକୁ ଚାହିଁଥିବ
ତୁଳସୀ ଗଛ !

ବାଟ କାହିଁ ଯେ
ମଶାଣିକୁ ଯାଇପାରିବ
ମାଲଭାଇଙ୍କ କୋକେଇ ?

ସମସ୍ତେ ନିଜନିଜ ଜାଗାରେ
ଗୋଟେଗୋଟେ ଶବ୍ଦ ।

ମୁଁ ଜାଣେ
ମହାନଦୀ ପଠାରେ
ମୋତେ ଅପେକ୍ଷା କରିକରି
ଫେରିଯାଇଥିବ ନନ୍ଦିତା ।

ଯେତେ ବୁଝେଇଲେ
ମୋ' ଅସହାୟତାକୁ
ସେ କ'ଣ ବୁଝିବ ?

କଥା ଦେଇ କଥା ରଖିବା
ସତରେ ଭାରି କଷ୍ଟ ।

ସତ କହୁଚି

ସତ କହୁଚି :
ଅନ୍ତଫାଡ଼ି ନିଜ ଅନ୍ତର ଉଣ୍ଡାଳିଚି...
ହେଲେ କିଛି ପାଇନି।
ଅନ୍ତୁଡ଼ି ବଦଳରେ ଦେଖିଚି
ଗୋଟେ ମଶାଣି !
କୁଢ଼କୁଢ଼ ଅସ୍ଥି, ମାଳମାଳ ଖପୁରି
ଛିଣ୍ଡା ମସିଣା, ଭଙ୍ଗା କୋକେଇ
ପାଉଁଶବୋଳା ବୁଦିବୁଦି ଘାସ
ଓ ଅଭିଶପ୍ତ ପାଳଦଉଡ଼ି !

ଯୋଉ ଥିରିଥିରି ନିଃଶ୍ୱାସସବୁ
ବାଜିଚି କାନରେ
ଅଧେ ଶୁଭିଚି, ଅଧେ ଶୁଭିନି।
ଯୋଉ ସୁନେଲି ଖରା
ସବୁଦିନ ଓହ୍ଲେଇଚି ପାହାଡ଼ ଉପରୁ
ମୋ' ଅନ୍ତର ଅଗଣାରେ
ତା'ର ଆଲୁଅ ପଡ଼ିବାର
ମୁଁ କେବେ ଦେଖିନି !

ଶୁଣିଚି :
ବିଲୁଆମାନଙ୍କର ହୁକେ ହୋ'
ଶାଗୁଣାମାନଙ୍କର ଡେଣା ଫଡ୍‌ଫଡ୍ ଓ
ପେଚାର ହୁଟ୍‌ହୁଟ୍
ରାତିଅଧରେ !

କୋଉ ଅନ୍ତରଙ୍ଗ ନଦୀର କୁଳୁକୁଳୁ
ମୋତେ ଆଉଜେଇ ନେଇନି କୋଳକୁ !
ଶୂନ୍ୟକାନ୍ଥରେ ଦେଖିଚି :
କଳା ଅଙ୍ଗାରରେ ଲେଖା
କିଛି ଅଜଣା ନାଁ...
କିଛିକିଛି ଅବସୋସର କଳାଛାଇ !

ସତ କହୁଚି :
ନିଜକୁ ମୁଁ ଯେତେ ଆଗ୍ରହରେ ଡାକିଚି
ଆଗକୁ ଯିବାଲାଗି,
କିଛିପାଦ ଆଗକୁ ଯାଇ ଦେଖିଚି :
ମୁଁ ଏକା ହିଁ ଚାଲୁଚି
ମୋ' ମନ ମୋ' ସାଥିରେ ନାଇଁ !

ଅତର

ସବୁଯାକ ଅତର
କେମିତି ଉଡ଼ିଗଲା
ଠିପି ବନ୍ଦ ଶିଶି ଭିତରୁ ?
ଏ ପ୍ରଶ୍ନ
ନିଜକୁ ବାରଂବାର ପଚାରେ ମୁଁ !
ଉତ୍ତର ଯାହା ବି ହଉ !

ଏମିତି ବୋଧେ
ନିଜର ସବୁକିଛି ଚାଲିଯାଏ
ହାତମୁଠାରୁ ?
ମନସିନ୍ଦୁକରେ ସାଇତା
ଗେଲବସରର ସ୍ମୃତିମାନଙ୍କ ପରି ।
ଲିଭିଯାଏ ନାଭି-ନଭର ନକ୍ଷତ୍ର
ନେତ୍ରଦିଗନ୍ତର ଉଜ୍ଜ୍ୱଳତା !

ସତରେ ଲୁହଠୁ କ'ଣ
ବେଶି ପତଳା ଥିଲା ସେ ଅତର ?
ନା ଦୁଃଖଠୁ ଥିଲା ଅଧିକ ବାଷ୍ପିଳ ଯେ
କାଚଶିଶିର ଛାତି ଚିରି
ଧୂଆଁ ପରି ମିଳେଇଗଲା ପବନ ପଣତରେ ?

ଯେମିତି ସେଦିନ ତୁମେ
ମନ୍ଦିରରେ ଆମର
ହାତଗଣ୍ଠି ପଡ଼ିବ ବୋଲି
ମୋତେ ଡାକିନେଇ
ହଠାତ୍ କୁଆଡ଼େ ଉଭେଇଗଲ ଯେ
ଖରା ଯାଇ ତରା ପଡ଼ିଲା
ଚାହିଁଚାହିଁ ମନ ମରିଲା
ହେଲେ ତମର ଦେଖା ନାଇଁ !

ଆଜି ତମ ହାତଲେଖା ପୁରୁଣା ଚିଠିସବୁ
ମୁଁ ବସିବସି ଖେଳୋଉଥିଲି ।
ଆଶ୍ଚର୍ଯ୍ୟ ଲାଗିଲା ଦେଖି
ଚିଠିସବୁର ତାରିଖ ଅଛି, ସ୍ଥାନର ନାଁ ଅଛି,
ଅଥଚ ଅକ୍ଷରମାନେ ନାହାନ୍ତି !

ଯେମିତି
କେଇଟି ମୁହୂର୍ତ୍ତର ଭୂମିକମ୍ପ
କେତେ କ'ଣ ଉଜାଡ଼ିଦିଏ
ଯୋଉ କ୍ଷୟକ୍ଷତିର ହିସାବ
ହୁଏତ ଈଶ୍ୱର ବି ରଖିନଥାନ୍ତି !
ତଥାପି ଏ ଅତରଶିଶିକୁ
ଫିଙ୍ଗିଦେବାକୁ ଇଚ୍ଛା ହେଉନି !

ଥାଉ,
ଅଛି ତ ଅଛି ।
ଠିପି ଖୋଲିଦେଲେ
ଆଜି ବି
ପୁରୁଣା ମହକ
ଖେଳିଯାଉଚି ନିଃଶ୍ୱାସରେ ।

ଜାରଜ

ଭୂତପ୍ରେତଙ୍କୁ ମୁଁ ଡରେନା ।
ମୋର ଡର
ଏଣ୍ଡୁଅ ପରି ରଙ୍ଗ ବଦଳାଉଥିବା
ମାୟାବୀ ମିଛର
ଚହଟ ଚିକ୍‌କଣ ଚେହେରାକୁ !
ଯା'ର ମାରାତ୍ମକ ଛାଇରେ
ଆବର୍ଜନା ଭିତରୁ ବାହାରୁଥାଏ
ଗୋଟେପ୍ରକାର ବିଷାକ୍ତ ବାଷ୍ପ
ତାକୁଇ ମୋର ବେଶି ଭୟ !

ମୁଁ ଜାଣେ
ମିଛ ପରି ଗୋଟେ ଜାରଜ ହିଁ
ଜନ୍ମେଇପାରେ ଅସଂଖ୍ୟ ବଂଶଧର ।
ଶୋଇଥିବାବେଳେ
ଛାରପୋକଙ୍କ ପରି
ଶୋଷିନେବାକୁ ସୁଖ ସୋହାଗ ।
ପ୍ରାଣଘାତୀ କରୋନା ଭୂତାଣୁ ପରି
କଳିଜାସାରା ମାଡ଼ିଗଲେ
ଦପ୍ କିନା ଲିଭିଯାଏ
ନିଃଶ୍ୱାସର ଲଣ୍ଠନ ଆଲୁଅ !

ଏବେ ତ ମିଛମାନେ
ଅକ୍ଷର ରୂପ ଧରି
ରହିଲେଣି ପୁସ୍ତକ ଭିତରେ !
ମନ୍ଦିର, ମସ୍‌ଜିଦ୍, ଗୀର୍ଜାକୁ
ଗିଳିସାରିବା ପରେ
ସେମାନେ କାୟାବିସ୍ତାର କଲେଣି
ଗ୍ରନ୍ଥରାଜ୍ୟରେ ।

ତୁମେ ଯୁଆଡ଼େ ଯାଅ -
ବିଦ୍ୟାଳୟ କି ନ୍ୟାୟାଳୟ,
ଲୋକସେବା ଭବନ କି ସଂସଦ ଭବନ,
ଦେଖିପାରିବ -
କେଡ଼େ ବାଗରେ ଚାଲିଚି
ମିଛମାନଂକ ପୂଜା !

ଯୋଉ ପୋଷାକରେ
ଆମେ ଲୁଚାନ୍ତି ଦେହର ଲଜ୍ଜା
ସେସବୁ ମଧ୍ୟ ମିଛସୂତାରେ ଗଢ଼ା !

ମିଛର ମରୁଭୂମିରେ
ମରୀଚିକା ହେଇ
ରହିବାକୁ ମୋର ତୀବ୍ର ଘୃଣା !

ଯଦି ମତେ ନମିଳିଲା
ଟିକେ ନିରୁତା ପ୍ରେମର ସବୁଜିମା
ନିରୋଳା ହସ ଭିତରେ
ପରମ ପୂର୍ବାଶା,
ତେବେ ମୋତେ ଭୁଲିବାକୁ ହେବ
ମିଛସୁଖ ସହ ବନ୍ଧୁତା ।

ଯେଡ଼େ ଉଚ୍ଚ ପର୍ବତ ଉପରେ
ଆସୀନ ହେଉନା କାହିଁକି ମିଥ୍ୟା
ଆକାଶ ଯାଏ ଉଡ଼େଇଲେ
ଉଡ଼ାଉ ପଛେ ସଫଳତାର ଧ୍ୱଜା,
ମୋର ଦୁଃଖ ନାଇଁ।
ମାୟାବଣିଜ କରି
ମୋର ଇନ୍ଦ୍ରପଦ କିଣିବାର ନାହିଁ।

ମୋ' ବାସିପଖାଳ କଂସାରେ
ନିଇତି ଯୋଉ ରୁପାଜହ୍ନ ଝଲସେ
ତାକୁ ଦେଖିଦେଲେ
ମୋତେ ସରଗ ପରି ଲାଗେ
ମୋ' ଛୋଟିଆ ଘର
ମୋ' ଅଗଣାସାରା
ଏମିତି ତୋଫା ମଲ୍ଲୀ ପରି
ଖେଳୁଥାଉ ଖୁସିର ଜ୍ୟୋସ୍ନା
ମିଛର ଡନ୍‌ଲପ୍ ଶେଜଠୁ
ଢେର୍ ଭଲ ସତ୍ୟର ଛିଣ୍ଡା ମସିଣା !

■■

ପାଗଳ କୋଣାର୍କ

ଗୋଟେ ବୋଲି ଦେହ
ଦେହ ଚଉହଦି
ଚମକ ଚାନ୍ଦିନୀ କୂଅ !

କୂଅଜଳ ଭାରି ମଧୁର
ମାରିପାରେ
ଅକାତକାତ ନୀଳଯମୁନାକୁ
ଆଖିଠାର !

ବେଳେବେଳେ
ରସିକ ଇନ୍ଦ୍ରଧନୁ
ଭାରି ଅଳି କରେ ଧରିବାକୁ
ଏ ଦେହଦର୍ପଣକୁ
ଦେଖିବ ବୋଲି
ନିଜ ମୁହଁର ସାତରଂଗୀ ରୂପ !

ଦେହ ତ ଗୋଟେ
ବାୟାଚଢ଼େଇର ବସା

ଦର୍ପିତ ଝଡ଼କୁ
ଦାନାଏ ବିଦ୍ରୂପ ପରି
ଲୋକହସା କରି
ଭାଙ୍ଗିଦିଏ ବହପ ।

ଅଣ୍ଡା ଗିଳୁଥିବା ସାପ ପେଟରେ
ଭ୍ରୁଣର ପ୍ରତିବିମ୍ବ ଦେଖି
କରାଳ ମୃତ୍ୟୁ ବି
ଥରେଥରେ
ହୋଇଯାଏ କାବା !
ଭୋର୍ ପ୍ରାର୍ଥନାରୁ
ବଉଳିଥିବା ଚେନାଏ
ସିନ୍ଦୂରା ପରି ଏ ଦେହ,
ଶାଗୁଆ ପତ୍ରରେ
ଟିକ୍‌ଟିକ୍ କରୁଥିବା
ଅଧୀର ବର୍ଷାଟୋପା ।

ଦେହକୁ ବା କ'ଣ ଅଛପା ?
ଧୂଳିଠୁ ଧୂମାଳ
ଶୋଷଠୁ ଶ୍ରାବଣ
ଝଡ଼ର ନୀରବତାଠୁ
ସମୟର ଦାଉ...
ତାକୁ ସବୁ ଜଣା ।

ଦେହ ଫେରେ, ଫେରିଆସେ
ମନଚହଲା ସଂଗୀତ ଭିତରେ
ଖିଏ ମୂର୍ଚ୍ଛନାର ହାତ ଧରି
ମାଟିର ସ୍ତନରେ ଆଙ୍କେ
ନୂଆ ମେଘର ମାନଚିତ୍ର ।

ସଭିଙ୍କୁ ସ୍ୱପ୍ନ ବାଣ୍ଟେ;
ଯାହାକୁ ଛୁଇଁଦିଏ,
ଦେଖୁଦେଖୁ
ବୁନ୍ଦେ ଅତର ପରି
ସେ ମହକିଉଠେ !

ଏଇ ଗୋଟେ ବୋଲି ଦେହ
ଅଥଚ କେବେ ପାହାଡ଼ ପରି
ସ୍ଥିରନିଶ୍ଚଳ ତ
କେବେ ଚୁଲ୍‌ବୁଲି ଝରଣା ପରି
ଚଞ୍ଚଳ, ଛଳଛଳ !

କେବେ ପୁଣି
ମାତାଲ୍ ଭଅଁର ପରି
ପ୍ରେମମନସ୍କ ତ
ଆଉ କେବେ
ଆପଣା ଦୁଃଖରେ ଆପେ ବିଭୋର !

ବେଳେବେଳେ ଲାଗେ
ଯେମିତି ଏ ଦେହ ନୁହେଁ,
ବିକ୍ଷୁବ୍ଧ ସାଗର ବେଳାରେ
ବେପରୁଆ ବୁଲୁଥିବା
ଗୋଟେ ପାଗଳ କୋଣାର୍କ !

ତୁମକୁ ଖୋଜିଆଣେ ରାତି

ରାତି ମୋତେ ଭଲଲାଗେ।
ଯେମିତି ଅତି ନିଜର କେହିଜଣେ।
ସେଥିପାଇଁ ମୁଁ ତା' ସାଥିରେ
ବୁଲାବୁଲି କରେ, ମନଖୋଲି ଗପେ।

ମତେ ଲାଗେ
ସତେ ଯେମିତି
ତୁମ ଆଖିର କଜ୍ଜ୍ୱଳରେ
ଗଢ଼ା ହେଇଚି ରାତିର ଦେହ !
ଏବେ ବି ତୁମକୁ କେହି
ମିଛ ବୋଲି କହିଲେ
ସାରା ସଂସାର ମତେ ଲାଗେ
ଯେମିତି ଟୋପେ ଲୁହ !

ହୁଏତ ମିଛ ହେଇପାରେ
ନୀଳଜହ୍ନ !
ମିଛ ହେଇପାରେ
ଶେଫାଳୀର ରାଣ !

ରଙ୍ଗିନ୍ ଫଗୁଣର ଫର୍ଦ୍ଦଫର୍ଦ୍ଦ ଚିଠି...
କିଂତୁ ରାତି ତୁମର ଯୋଉ ପ୍ରତିମା ଗଢ଼େ
ସେ କଦାପି ମିଛ ନୁହଁ,
ମୋ' ପାଇଁ
ଗୋଟେ ଅଲଗା ପୃଥିବୀ !

କିଏ କହେ
ଅନ୍ଧାର ସବୁବେଳେ ନୀରବ ?
କେବେ କଥା ହୁଏନା କାହା ସହ ।
ତା'ର କିଛି ଯାଏଆସେନା
ତୁମେ ଖୁସିରେ କି ଦୁଃଖରେ ଅଛ ।

କିଂତୁ ମୁଁ ଅଂଧାର ସହ କେତେ ଗପିଚି
ତା'ର କଅଁଳ ଆଉଁଶାରେ
ପାହାଡ଼ ପରି ଦୁଃଖ ଭୁଲିଚି !

ସତ କହିବି ତ
ଅଂଧାରର କୋଳ ହିଁ
ମୋର ସବୁଠୁ ପ୍ରିୟ ଜାଗା ।
ରାତି ମୋର ପ୍ରିୟ ବାଂଧବୀ
ଆଉ ନିର୍ଜନତା
ମୋ' ଆଈବୁଢ଼ୀର ଉଷୁମ ପଣତ !

ବସା ଭିତରେ ଥିଲେ
ବାଇଚଢ଼େଇ ଯେମିତି
ଡରେନା ଝଡ଼ତୋଫାନ,
ଅଂଧାରର ବାହୁବଂଧନ
ସେମିତି ଭୁଲେଇଦିଏ
ମୋର ସବୁ ଯଂତ୍ରଣା ।

ମୁଁ ଜାଣେନି
ଜହ୍ନ ଉଇଁଲେ
ମୋ ଛାଇକୁ କାହିଁକି ଖୋଜେ ?
ମୋ' ଛାଇ କ'ଣ ରାତି ପରି
ତାକୁ ଆପଣାର ଲାଗେ ?

ନିର୍ଜନ ଅଂଧାରରେ
ଟପ୍‌ଟପ୍ ବର୍ଷା ପଡ଼ିଲେ
ମୋତେ ଗଛରୁ
ଜାମୁକୋଳି ଖସିଲା ପରି ଲାଗେ !

ହଠାତ୍ ତୁମ ଆଖିର
ନୀଳହ୍ରଦ ମୋର ବହୁତ ମନେପଡ଼େ !

କୋଉ ଦୂର ଅତୀତର ପୃଷ୍ଠା ଭିତରୁ
ତୁମକୁ ଖୋଜିଆଣେ ରାତି ।
ମଶାଣିକୁ କରିଦିଏ ବାହାବେଦୀ
ମତେ ଫେରେଇଦିଏ
ମୋର ଗଲାଦିନର ଅଧାଲେଖା ପ୍ରେମଚିଠି
ପାଉଁଶରେ ଫୁଲଶେଯ ପାତି !

ରାତିର ଚାରିକାନ୍ଥ

ଗୋଟେ ବୁକୁଫଟା କାଂଦର କ୍ୟାଲେଣ୍ଡର
ଟାଂଗିବା ପାଇଁ
ନିଅଣ୍ଟ ପଡ଼େ ରାତିର ଚାରିକାନ୍ଥ !

ଆଲୋକଗର୍ଭା ଆକାଶ
ସବୁ ଜାଣି ବି କାହିଁକି ମୌନ ରହେ ?
କାହିଁକି କାନ୍ଦ ପାଇଁ
ଅଭାବ ପଡ଼େ ବସୁଧାର ପଣତ ?

କାଲିର ଭୋର୍
ମୋ' ଘରର ଏରୁଣ୍ଡି ଡେଇଁବା ଆଗରୁ
ହୁଏତ ରାବିନପାରେ ଡାମରାକାଉ ।

ହୁଏତ କାନ୍ଥରେ ଟଙ୍ଗା ହେଇଥିବା କାନ୍ଦମାନେ
ଶିହରିଉଠିପାରଂତି
ଲୋମଶ ଅଂଧାରର ଟିକିଏ ଆଉଁଶାରେ !

ହୁଏତ ଜନ୍ମ ହେବା ଆଗରୁ
ପେଟ ଭିତରେ
ଆଡ଼ା ପଡ଼ି ମରିଯାଇପାରେ
ସ୍ୱପ୍ନସୂର୍ଯ୍ୟର ଟିକି ଶାବକ !

କାନ୍ଦ ପାଇଁ
କେବେ ବି ଜାଗା ନଥାଏ ପୃଥିବୀରେ !
ନା ବିଧାନସଭାରେ...
ନା ସଂସଦ ଭବନରେ...
ନା ଟିଭି ପର୍ଦ୍ଦାରେ...
ନା ଖବରକାଗଜ ପୃଷ୍ଠାରେ... !

ଯୁଗଯୁଗରୁ
ସେଇ କାଂଦ ବୁଢ଼ିଆଣୀ ପରି
ଅସଂଖ୍ୟ ଗୋଡ଼ ମେଲି ଜାଲ ବୁଣୁଥାଏ
ଛାତିରେ ଜାବୁଡ଼ିଧରି ଅର୍କ୍ଷିତ ନୀରବତାକୁ !

ଯେଉଁଠି ଟିକେ ସୁଖର ଚିନିଭୋଗ ଲାଗିଥାଏ
ସେତକ ଲୁଟିନେଇ ପଳାଂତି
ଡାଆଣା ପିମ୍ପୁଡ଼ିମାନେ।

ଏଣେ ହସର କବାଟସାରା ମାଡୁଥାଏ
ମହାକାଳର ଲାଳ ପରି ଉଇମାଟି !

ଏମିତି ଗୋଟେଗୋଟେ ଜୀବନ ଥାଏ
ଯା' ଭାଗ୍ୟରେ ସକାଳ
ମୃତ ଶିଶୁଟେ ପରି ଜନ୍ମେ !

ଏମିତି ଗୋଟେଗୋଟେ ଆକାଶ
କୌଣସି ଆଲୋକ ଦେଖିବା ଆଗରୁ
ଅଂଧ ପାଲଟିଥାଏ ।

ତଥାପି କାଂଦର କ୍ୟାଲେଣ୍ଡର ଭିତରେ
ହସର ପୁଣ୍ୟତିଥିଟିଏ କି
ଯାନିଯାତ୍ରାର ମଙ୍ଗଳ ତାରିଖଟେ
ମିଳିଯିବ ବୋଲି
ବିଶ୍ୱାସ ରଖେ ଜୀବନ ।
ସେଥିପାଇଁ ନୂଆ ହତାଶା,
ନୂଆନୂଆ ପୀଡ଼ା ସହ
ଅଭ୍ୟସ୍ତ ହେଉଥାଏ ।

ଝିଂକାରି

ଆଲୁଅର ପାଠଶାଳାରେ
ମୋର କୋଉ ହାଜିରା ପଡ଼େ ଯେ ?
ସାରାଦିନ ମୁହଁ ଲୁଚେଇ
ଉପେକ୍ଷାର ଉହାଡ଼ରେ
ଅଂଧାର ଭିତରୁ
ମୁଁ ନିଜର ପରିଚୟ ଖୋଜେ !

ରଙ୍ଗିନ୍ ଇନ୍ଦ୍ରଧନୁ ଆଖିରେ
ମୁଁ ବାରିପାରେ ଘୃଣାର ତୀବ୍ର ଗଂଧ
ସୁନେଲି ଖରାର ହାସ୍ୟଛଟାରେ
ଦେଖିପାରେ ଈର୍ଷାର ଶାଣିତ ଥୁଥୁକାର !

ଯେତେବେଳେ ରାତିର ଘୁଂଗୁଡ଼ି
ମୋ' ସ୍ୱରରେ ସ୍ୱର ମିଳାଏ
ସେତେବେଳେ ମେଘର ମୁକୁଳା କେଶରେ
ଉକୁଣି ପରି ଜହ୍ନ ଲୁଚିଯାଏ !

ଥରେଥରେ
ମୋତେ ସମୟ ସାଉଁଳେ ।
କୋଳରେ ଶୁଆଇଦେଇ

ମୋ' ଥକାପଣକୁ ଥାପୁଡ଼େଇଦିଏ।
ମୋର କାନ୍ଦଣାମାନଂକୁ
ଏକାଠି କରି ଅଳଙ୍କାର ଗଢ଼େ।

ବେଳେବେଳେ ତାକୁ ପିନ୍ଧି
ଦର୍ପଣ ଆଗରେ ଛିଡ଼ା ହୋଇ
କେତେବେଳଯାଏ ମୁଁ ନିଜକୁ ପରଖେ।

ବେଳେବେଳେ
ଏମିତି ଗୋଟେ ଲୁଚାଛପା ଜୀବନକୁ
ବୋହିବୋହି ଚାଲିଲାବେଳେ
ନିଜକୁ ଚଟକଣାଟେ
ମାରିବାକୁ ଇଛା ହୁଏ,
ସକାଳ ସିନ୍ଦୂରା
ଆକାଶ ଫର୍ଚ୍ଚା କଲାବେଳକୁ
ମୁଁ ଓ ଅଂଧାର
ଧୂଆଁ ପରି ମିଳେଇଯାଉ
ଜଙ୍ଗଲ ଭିତରେ।

ଏମିତି ହିଁ ମୋର କପାଳ।
କୁହୁଡ଼ିର ମାୟା-ଅଗଣାରେ
ରାତିମାଆର ମୁଁ ଆଣ୍ଠୁଆଗୋପାଳ !

କିଟିମିଟିଆ କପଟ ଉଆଁସରେ
ଧଇଁସଇଁ ହେଇ ଧାଉଁଧାଉଁ
ଥରେଥରେ
ଝୁଣ୍ଟିପଡ଼େ ତ
ପାଖରେ କେହି ନଥାଂତି ଧରିବାକୁ।

ରକ୍ତ ବହୁଚି ବୋଲି ମୁଁ ଜାଣେ,

କିଂତୁ ଦେଖିପାରେନା :
କେମିତି ନିଜ ରକ୍ତର ରଂଗ !
ବୁଝିପାରେନା :
ମୋର ପାଟି ଶୁଣୁଶୁଣୁ
କାହିଁକି ଏ ସଂସାର
ନିର୍ଦ୍ଦୟରେ କିଳିଦିଏ ତାଟିକବାଟ !!

ମରଣର ମାଆ ରୂପ

ସଞ୍ଜବେଳକୁ
ଅନ୍ଧାରକୁ ପିଠିରେ ଲାଉ କରି
କୁହାଟୁଥାଏ
ଗୋଟେ କୁମ୍ଭାଟୁଆ ।
ପିମ୍ପୁଡ଼ିଟିଏ
ବସିଥାଏ କାଗଜଡଙ୍ଗାରେ
ଜାଣୁ କି ନଜାଣୁ
ନାଆ ବାହା !

ଦେଉଳ ଚୂଡ଼ାରେ
ଏକଲା ପାରାର ଘୁମୁରା
ଛାତିର ଦରଜ ଉପରେ
ଦେଇଯାଏ ଗୋଟେ କଅଁଳ ଚୁମା ।
ଉଦ୍ଧତ ଝଡ଼
ଛିଣ୍ଡେଇଦେବ ବୋଲି ସରୁ ଜାଲ
ବୁଢ଼ିଆଣୀ କ'ଣ ଭୁଲିଯାଏ ଜାଲବୁଣା ?

ଏଠି ଦୁଃଖ ବି କିଛି କମ୍ ଦୁଃଖୀ ନୁହଁ !
ନିରାପଦ ନୁହେଁ ବି
ମରଣର ବସା ।

ସେଇଥିପାଇଁ ତ
ବଣବିଲେଇ ପରି
ଜୀବନ-ଭ୍ରୂଣକୁ ଗର୍ଭରେ ଧରି
ଦୁଃଖର ପଞ୍ଚବଟୀରେ ବୁଲୁଥାଏ ମୃତ୍ୟୁ
ପାଉ ନଥାଏ ନିରାପଦ ଜାଗାଟିଏ
ହେବାକୁ ମାଆ !

ଡର କ'ଣ ଅନ୍ଧାରକୁ
ଅଗନାଅଗନି ବନସ୍ତକୁ
ହିଂସ୍ରଜନ୍ତୁଙ୍କ ହେଷ୍କାଳକୁ ?

ରାତି ଯେତେ କଳା ହେବ
ସେତେ ସଅଳ ଶୁଭିବ
ଶୁଭସକାଳର କୁଆଁକୁଆଁ !

■■

ଦି'ଭାଗ ଜୀବନ

କାହିଁକି କେଜାଣି
ଆଜି କାଚର ଟୁକୁଡ଼ା ଲାଗୁଛି
ଅଭଙ୍ଗା ଦର୍ପଣ
ଛିଣ୍ଡା କାଗଜ ଲାଗୁଛି
ପୋଥି ପୁରାଣ
ପଚା ଗାଡ଼ିଆ ଯେମିତି
ନୀଳ ଯମୁନା
ଗଛରେ ମାଡ଼ିଥିବା କୋଇଲିସୁତା
ଲାଗୁଛି ସତେକି ଫୁଲଦୋଳି !

ଆଜି କ'ଣ କି ?
ପୀଡ଼ା ଭିତରେ ଚହଟିଯାଉଛି
ପୋଡ଼ପିଠାର ସୁଆଦ
କାନ୍ଦ ଭିତରେ
ଧୋ'ରେ ବାୟା ଧୋ'
ଦୁଃଖ ଭିତରେ
ମାଣିକ ଗଉଡ଼ୁଣୀର
ମିଠାଦହିର ମହକ !

କାହିଁ ? ସେମିତି କିଛି ତ ଘଟିନି ?
ଫେରିଆସିନି ତ
ମଲା ଲୋକଟି ମଶାଣିରୁ ?

ଫୁଙ୍ଗୁଳା ଛାତିରେ
ରଙ୍ଗ ବୋଳିନି ତ ଇନ୍ଦ୍ରଧନୁ
ଫୁଲେଇ ଫଗୁଣ
ପାଲିସ୍ କରିନି ତ
ମୋର ଫଟା ଗାଲକୁ ? ?

ସେଦିନ ଯେମିତି
ଭଡ଼ାଘର ଭିତରେ
ଜିଆ ପରି ଘୁଷୁରୁଥିଲା ଜୀବନ
ଆଜି ବି ସେମିତି ଚାଲୁଚି...
ମୋତେ ଦେଖି ନଦେଖିବା ପରି
ମୁହଁ ବୁଲେଇଦେଉଥିବା ସୁଖ
ମୋର ପଡ଼ିଶାଘରେ
ବସି ତାସ୍ ପିଟୁଚି ।

ଏବେ ବି ହଟିନି ଅନ୍ଧାର
ମୋର ଚଲାବାଟରୁ
କି କାନ୍ଧରୁ ଉତୁରିନାଇଁ
ମିଛ ସଂସାରର ବୋଝ ।

ତେବେ କିଏ କଲା
ମୋତେ ଏମିତି ଦି'ଭାଗ
ଅଧକରେ ରଖିଲା
ଫିକା ଗୋଧୂଳିର
ଡରଡର ମାଛିଅନ୍ଧାର
ତ ଆଉ ଅଧକରେ
ଫର୍ଚ୍ଚା ସିନ୍ଦୂରାର
ଢଳଢଳ ରକ୍ତରାଗ !

ବାପା

ଆଠଦିନ ହେଲା ଗାଆଁକୁ ଆସିଲିଣି
ମତେ ଜଗାରୁ ଲାଗୁନି
ବାପା ନାହାଂତି ବୋଲି !

ଏବେ ବି ରହିରହି ଶୁଭିଯାଉଚି
ତାଙ୍କର ଲଗାଣ ଗାଳି
ବାରଣ୍ଡାରେ ଦିଶିଯାଉଚି
ଦୃପ୍ତ ଚାଲି !

ବାପା ରାଗିଲେ ଲାଗେ
ଆକାଶରୁ ସତେ
ଓହ୍ଲେଇ ଆସିଲା କି ମେଘ ଘଡ଼ଘଡ଼ି !
କମାରଶାଳର
ତତଲା ଲୁହା ପରି ଦିଶୁଥିବା
ତାଙ୍କର ଲାଲ ମୁହଁ ଦେଖି
ବୋଉ ଆଉଜିପଡ଼େ କବାଟକଣକୁ
ଭାଇମାନେ ପଶିଯାଆନ୍ତି
ଯେ' ଯାହାର ପଢ଼ାଘରକୁ
ଅପା ତରବର ହୋଇ
ଚା' ବସାଏ ଚୁଲିରେ !

ବାପା ଘରେ ଥାଆଂତୁ କି ନଥାଂତୁ
ସବୁବେଳେ
ଆଉଜା ରହିଥାଏ
ତାଙ୍କ ଘରର ଦରଜା ।

ପିଲାଦିନେ ବାପାଙ୍କ ପାଟି ନଶୁଣିଲେ
ମୁଁ ଧୀରେଧୀରେ ଯାଇ
କବାଟ ଫାଙ୍କରେ ଭିତରକୁ ଚାହେଁ...
ମତେ ଲାଗେ
ଯେମିତି ପଲଙ୍କ ଉପରେ ଶୋଇଥାଏ
ଗୋଟେ ଦୀର୍ଘ ନିରବତା
ଯା'ର ଛାତି ଉପରେ
ଅଧାଖୋଲା ଖବରକାଗଜ
ଏବଂ ମୁଣ୍ଡପାଖରେ
ଚଷମା ଓ ପାନବଟା !
ଆଲଣା ଉପରେ ପଡ଼ିଥିବା
ଧୋତି ଓ କୁର୍ତ୍ତା ଦେଖି
ଲାଗେ ଯେମିତି
ମୋ' ଆଡ଼େ ଚାହିଁଛନ୍ତି ବାପା !

ସଙ୍ଗେସଙ୍ଗେ
କଇଁଛ ପରି ମୁଁ ମୁଣ୍ଡ ଜାକିଆଣେ
ଓ ଆରଘରକୁ ଧାଇଁଯାଇ
ପଶିଯାଏ ବୋଉ କୋଳରେ ।

ଆଜିକାଲି ବସିବା ଜାଗାରୁ
ଭଲରେ ଜମା ଉଠିପାରୁନି ବୋଉ
ଟିକେ ଜୋର୍‌ରେ କାଶିଲେ
ତା' ଛାତିରୁ ଦମା ଉଠୁଚି ।

ଅନେକ ସମୟରେ
ବାଡ଼ିପଟେ ବସିବସି
ବାପାଙ୍କ ହାତଲଗା ଫଳଗଛ ଆଡ଼େ
ଚାହିଁରହୁଚି !
"ମୋ' ସାଥିରେ ଚାଲ୍" ବୋଲି
କହିଲେ ଜମାରୁ ବୁଝୁନି;
ଓଲଟି କହୁଚି –
ତୋ' ବାପାଙ୍କୁ
ଘରେ ଏକା ଛାଡ଼ି
ମୁଁ ତୋ' ସାଙ୍ଗରେ
ଯିବି କେମିତି ? ? ?

■ ■

ଇନ୍ଦ୍ରଧନୁ

ସାରା ବ୍ରହ୍ମାଣ୍ଡ ଖୋଜିସାରିବା ପରେ
ଆଉ ରହିଲା କ'ଣ ?
ତଥାପି ସେମାନେ କହନ୍ତି -
ମୋ' ଛାତିର ଆଖୁକିଆରିରେ
କାଳେ ଲୁଚିରହିଚି
ତାଙ୍କର ଚରମ ଶତ୍ରୁ !

ହେଲେ ମୋ' ଭଳି
ଗୋଟେ କାଗଜ ତିଆରି ତଲବାର ଦେହରେ
କେତେ ବା ବଳ
ଖିନ୍‌ଭିନ୍ କରିଦେବ କା'ର
ଆୟୁଷର ନଥିପତ୍ର !

ସତରେ କ'ଣ
ସେମାନଙ୍କ ପାଇଁ
ମୁଁ ଗୋଟେ ବାରୁଦସ୍ତୂପ ?

ସାରା ଜୀବନ
ବଢ଼ିଆସିଚି ମୁଁ
ଅଣଦେଖା ଅନ୍ଧାର ଭିତରେ
ଟିକେ ସୌଭାଗ୍ୟର ନବାନ୍ନ
ଟିକେ ଶୁଭ ଆଲୋକର ରଂଗ ଚାଖିବାକୁ
ଯାବତ୍ ଜୀବନ
ପୂଜିଆସିଚି ଅନ୍ଧାରକୁ।

ଗୋଟେ କଟା ମସ୍ତକକୁ
କାଖରେ ଧରି
ପହଂଚିଛି ଏମିତି ଏକ ଜାଗାରେ
ଯେଉଁଠି ଆଗକୁ ଗଲେ
ଆକାଶରୁ ପଥର ବୃଷ୍ଟି
ପଛକୁ ଫେରିଲେ
ରାସ୍ତାସବୁ ବରଫ ପରି ତରଳିଯାଉଛି !

ମୋର ଏ ଦୁର୍ଭାଗ୍ୟ ପାଇଁ
ମୁଁ ଦାୟୀ କରିନି କାହାକୁ
ମୋ' ଛାତି ଭିତରେ
କ୍ରୋଧର ବୋମା ବାନ୍ଧିବା ପାଇଁ
ରଖିନି ବି ସାମାନ୍ୟ ଜାଗା।

କେବଳ ଅଜର ଅମର ଇଚ୍ଛାମାନଂକୁ ଧରି
ଧୀରେଧୀରେ ଆଗଉଛି
ଜୀବନର କ୍ଷେତ ଉପରେ
ଦେଖିବା ପାଇଁ ମେଘର ମହାକରୁଣା।

ସତ କହୁଛି :
କାହା ନିର୍ଦ୍ଦେଶରେ
ମୁଁ ହୋଇପାରେନା ଉଠ୍‌ବସ୍।

କାହା ଶତ୍ରୁକୁ ଶରଣ ଦେବାକୁ
ନା ମୋ' ଭିତରେ ଅଛି ବଙ୍କର୍
ନା ଅଛି ଗୁପ୍ତ ସୁଡ଼ଙ୍ଗ !

ମୋ' ଛାତି
ମୋତେ କଥା ଦେଇଛି
ଦିନେ ନା ଦିନେ
ସେ ମୋତେ ଭେଟି ଦେବ
ଏମିତି ଗୋଟେ ଇନ୍ଦ୍ରଧନୁ
ଯାହାକୁ ଦେଖୁଦେଖୁ
ଝଡ଼ିପଡ଼ିବ
ହିଂସ୍ର ପଶୁମାନଙ୍କର ନଖଦନ୍ତ ।

ଲାଭା

ସେଠାରେ ଯୋଉ ପିମ୍ପୁଡ଼ିର ଶବ ପଡ଼ିଚି,
ସେ ଗୋଟେ ମାମୁଲି ପିମ୍ପୁଡ଼ି ନୁହଁ।

ସେ ଆକାରରେ କ୍ଷୁଦ୍ର ହେଇପାରେ
କିଂତୁ ବଂଚିଥିବାଯାଏ
ନିରବରେ ମାନିନେଇନି
କାହାର ଅତ୍ୟାଚାର।

କୋଉ ଅହଂକାରୀ ମଣିଷର
ଦାମ୍ଭିକ ବୁଟ୍
ତାକୁ ଦଳିଦେଲା ସତ;
ତଥାପି ମୁଁ ତା'ର ଶବରେ ଦେବି
ପୁଷ୍ପାର୍ଘ୍ୟ।

ଯା'ର ମାନେ ନୁହଁ :
ଯାହାର ଶରୀର ଲାଲ୍
ସିଏ ନିଶ୍ଚୟ ଗୋଟେ ବୀରପୁଙ୍ଗବ।

ତା'ହେଲେ ତ
ଅସରପାଯାକ ଦୁଃସାହସୀ ଇଗଲ୍ ପରି
ଉଡ଼ନ୍ତେ ଆକାଶରେ।

ଏଣ୍ଡୁଅମାନଙ୍କ ଲାଲ ମଥା
ପାଲଟିଯାଆନ୍ତା ଗୋଟେଗୋଟେ
ଆଟମ୍ ବମ୍।

ଖରାରେ ବାଲି ତାତିଲେ
ସେଥିରେ ଖଇ ଫୁଟେନା
ସେଥିପାଇଁ ଦର୍କାର ପଡ଼େ ଜଳନ୍ତା ନିଆଁ !

ସେ ଲଣ୍ଡନ ହେଉ କି
ଲୁହାକଣ୍ଟା
ହାତୀର ଶୁଣ୍ଢ ହେଉ କି
ବିଛାର ନାହୁଡ଼।

ସବୁ ସ୍ୱାଭିମାନୀ ଆତ୍ମା ଭିତରେ
ଲୁଚିରହିଥାଏ
ଗୋଟେଗୋଟେ ପିମ୍ପୁଡ଼ିମନ୍ଦା।

■■

ସୂର୍ଯ୍ୟାସ୍ତର ଅର୍ଥ ନୁହେଁ ସୂର୍ଯ୍ୟର ମରଣ

ବେଳେବେଳେ
ସମୟ ବି ତନ୍ମୟ ହୁଏ
ଯେତେବେଳେ ସେ ଦେଖେ,
ମଣିଷର କ୍ଷୁଦ୍ର ଆକୃତି ଭିତରେ
ମହାଜୀବନର ପ୍ରତିରୂପ !

ମରୁବାଲି ପରି ନୁଖୁରା ଦିଶୁଥିବା
ସ୍ୱପ୍ନମାନଙ୍କ କଣ୍ଠରୁ ଶୁଣିପାରେ
ଅନାହତ ବର୍ଷାର ସଙ୍ଗୀତ !

ସେତେବେଳେ
ସମୟ ଆଗରେ ଆସି
ପ୍ରଚଣ୍ଡ ଦମ୍ଭରେ ଛିଡ଼ା ହୋଇଯାଏ
ଗୋଟେ ପ୍ରାଣବନ୍ତ ଉଜ୍ଜ୍ୱଳ ଇତିହାସ।

ଯାହାର ରକ୍ତକଣିକାରେ
ଦିନେ ଛୁଟୁଥିଲା ଗୋଟେ ଉଦ୍ଦାମ ଅଶ୍ୱ
ଯା'ର ହ୍ରେଷାରବ ଶୁଣୁଶୁଣୁ
ଉଡ଼ିଯାଉଥିଲା ମାୟାକୁହୁଡ଼ିର ଝୀନବସ୍ତ୍ର

ଦି'ଭାଗ ହେଉଥିଲା
ଭରାନଦୀର ଉତ୍ତାଳ ଜଳସ୍ରୋତ
ମଥା ନୁଆଁଇ
ତାକୁ କুর্ণিস্ କରୁଥିଲା
ମଦମତ୍ତ କ୍ଷମତାର ସହସ୍ର ହାତ !

ଦିନେ ଯେଉଁ ଇତିହାସ
ଚମତ୍କୃତ କରିଥିଲା ସାରା ପୃଥ୍ୱୀ,
ଅନାବିଳ ଓଠର ହସ,
କୋମଳ ଆଶ୍ଳେଷର ମମତାବୋଳା ସ୍ପର୍ଶ
ପ୍ରାଣେପ୍ରାଣେ ଖେଳାଇଦେଇଥିଲା
ପ୍ରଚଣ୍ଡ ବିଶ୍ୱାସର ନୂତନ ପାହାନ୍ତି
ସେଇ ପ୍ରାଣବନ୍ତ ଇତିହାସର ଅନୁପସ୍ଥିତି
ଆଜି କେବଳ ଏଠି ନୁହେଁ
ସବୁଠି ଘେରେଇଦେଇଛି କାଳରାତ୍ରି
ବିଶ୍ୱାସର ଗଳା ଚିପି
ଘନଘନ ସନ୍ତ୍ରାସରେ ଥରାଇଦେଉଛି
ଧରିତ୍ରୀର ଛାତି !

ଏବେ ସବୁଠି ଛାଇଯାଇଛି
ଘୃଣା, ଅବିଶ୍ୱାସ ଓ
ହିଂସ୍ର କାମନାର ବିଷାକ୍ତ କୁହୁଡ଼ି !!

ଇଏ ସେଇ ମାଟି
ଯା'ର ରେଣୁରେଣୁ ଧୂଳିକଣାରେ
ଚିରନ୍ତନ ଆଲୋକର ଛବି ଦେଖି
ଦିନେ ସମୟ ଆଖିରେ
ଚିକ୍‌ଚିକ୍ କରୁଥିଲା ବିସ୍ମୟର ଜ୍ୟୋତି !

ଇଏ ସେଇ ମାଟି
ଯିଏ ମର୍ତ୍ତ୍ୟଭୂମିରେ
ଫୁଟେଇପାରୁଥିଲା ଅପୂର୍ବ ସ୍ୱର୍ଗକାନ୍ତି !

ହଠାତ୍ କ'ଣ ହେଲା କେଜାଣି
କୋଉଠୁ ଆସିଲା ଘୋଟି
ମାରାତ୍ମକ ପ୍ରହେଳିକା
ଘନଘୋର ଛଳନା କୁହୁଡ଼ି
ଘୋଟିଗଲା ସାରା ଦିଗ୍‌ବଳୟ,
କେଜାଣି, କୋଉ ଅପଦେବତାର ଅଭିଶାପେ
ଆଜି ଆଗକୁ ବଢ଼ିବାର ସବୁ ରାସ୍ତା ଅବରୁଦ୍ଧ
ଯେଉଁଠି ବି ଛିଡ଼ାହେଲେ
ଗର୍ଜିଉଠେ ସେଠି
ଭୟଙ୍କର ବୋମା ଓ ବନ୍ଧୁକ !
ସକାଳର ରୂପ ଦିଶେ
ବୃଦ୍ଧର ଲୋଳିତ ଚର୍ମ ପରି
ସୂର୍ଯ୍ୟ ଦେହେ ସତେ ଅବା
ଲାଗିଛି କଳଙ୍କ !!

ବ୍ୟଥାଜର୍ଜରିତ ସମୟ ଭାବେ,
କେବେ ଯଦି ପୁଣିଥରେ
କ୍ରାନ୍ତିର ସ୍ୱର ଶୁଣିପାରେ ମଣିଷ
ସେଦିନ ବୁଝିପାରିବ ଅବଶ୍ୟ
ସୂର୍ଯ୍ୟାସ୍ତର ଅର୍ଥ ନୁହେଁ ସୂର୍ଯ୍ୟର ମରଣ
ଉଲ୍‌କା ଖସିବା ମାନେ ନୁହେଁ
ଜ୍ୟୋତିହୀନ ସମଗ୍ର ଗଗନ !!

ବିସ୍ଥାପିତ

କେଜାଣି, କେମିତି ପବନ ପହଁରିଯାଏ
ଦୁର୍ଗନ୍ଧରେ ପଶିହେଉ ନଥିବା
ଗୁହବଣରେ
ଅସନ୍ତୋଷର ଆହୁତିରେ
ଧୁର୍‌ଧୁର୍ ଜଳୁଥିବା
ମଶାଣି ଜୁଇର ଧୂମକୁହେଳିରେ !

ପବନ ସବୁକିଛି
ଉଡ଼େଇ ନେଇପାରେ ସିନା
ହେଲେ, କ'ଣ ବା ସାଇତି ରଖିପାରେ
ନିଜ ଛାତିର ଆଲ୍‌ବମ୍‌ରେ ?

ଗଛର ଶୂନ୍ୟ ଡେଙ୍ଗରେ
ଛୋଟଛୋଟ ଅଭାବସବୁ
ଅପନ୍ତରା ବସ୍ତିର
ମାମୁଲି ମଣିଷଙ୍କ ପରି
ଅଦେଖା ହୋଇ ରହିଯା'ନ୍ତି ।

ପବନ କ'ଣ ଦେଖିପାରେନା
ସେ ଅଭାବର କ୍ଷତ ?
ଉଦ୍ୟାନର ଅଜସ୍ର ଫୁଲଙ୍କ
ଆଖିର ଇସାରାରେ
ସେଇ ପବନ ତ
ପୁଣି ପାଗଳ ହେଇ
ପଶିଯାଏ ହାଲ୍‌କା ବାସ୍ନାର ହ୍ରଦକୁ
ଟିକେ ମହମହ ବାସିଉଠିବ ବୋଲି
ଆହୁରି ଢେଉଢେଉକା
ହେବ ବୋଲି ତା'ର ଚାହାଣି
ଯେମିତି ତାକୁ ଦେଖୁଦେଖୁ
ପ୍ରେମରେ ପଡ଼ିଯିବେ
ସୁନ୍ଦରୀ ପ୍ରଜାପତି !

କେଜାଣି, କେତେକେତେ ପ୍ରେମଚିଠି
ସେ ଚିରି ଫିଙ୍ଗିଥିବ,
କେତେ ଲୁହ ଓ ଦୀର୍ଘଶ୍ୱାସଙ୍କୁ
ମାଡ଼ିଦେଇଥିବ
କେଉଁ ବିକ୍ଷୋଭିତ ସମୁଦ୍ର ଜୁଆରରେ !
କେତେକେତେ ଥକା ବଉଦଙ୍କୁ
ବାଟ ଭୁଲେଇ ଦୂରନ୍ତ ଅଭିମାନରେ
ପଠେଇଦେଇଥିବ କୋଉ ମରୁଭୂମି ଆଡ଼େ !

ହେଲେ, ପବନର ସେ ବଳ
ଏବେ ଆଉ କାହିଁ ?
କାରଖାନାର ଚିମିନି
ଓ କୋଠାବାଡ଼ିର ଉଚ୍ଚାଉଚ୍ଚା କାନ୍ଥ
ସେପଟରେ ଅଟକିରହି
ସେ ଯେମିତି ପାଲଟିଗଲାଣି ମାଦଳଟିଏ

ଭୁଲିଗଲାଣି ଧସେଇ ପଶିଯିବାର ଓସ୍ତାଦିପଣ
ପାସୋରିଦେଲାଣି ଧାଁଦଉଡ଼ର ଜୋସ୍ !

କାଲି ରାତିରେ
ଯୋଉ ଝୋ'ଝୋ' ଗାଳିଲା ବର୍ଷା
ସାରାରାତି ଛାତରୁ ପାଣି ଗଳିଲା
ବୁଡ଼ିଗଲା ଦାଣ୍ଡ, ବାଡ଼ି
ନା ସେଠି ଥିଲା ସେ ଉଦ୍ଦାମ ପବନ
ନା ଥିଲା ତା' ହସରେ
ଆମ ପିଲାବେଳର
ସେ ମଧୁର ମାତଲାମି !

ନଥିଲା ବୋଲି ତ
ବର୍ଷା ଛାଡ଼ିଗଲାପରେ
ଲାଗିଲା, ଯେମିତି ଚାରିଆଡ଼େ
ଖେଳିବୁଲୁଚି ଫୁଲାଏ ତତଲା ବାମ୍ଫ
ଆଉ ପବନ
ଯେମିତି ଅସହାୟ
ଗୋଟେ ବିସ୍ଥାପିତ ଲୋକ !

■■

ଅପାଠ

କଳାପଟାରେ ଯାହା ଲେଖାଯାଏ
ତାହା ପାଠ ନୁହେଁ,
ଅନାବନା ଅକ୍ଷରର
କେଇଟା ଧବଳ ପଂକ୍ତି କେବଳ !
ସେଥିପାଇଁ
ପଢ଼ିଲାବେଳେ
କଳାପଟା ଆଡ଼େ
କେବେ ଚାହିଁନଥିଲା ଖୋକା ଭାଇ।

ଲୁଚିଲୁଚି
ସାମ୍ନା ପିଲାର ଶାର୍ଟରେ
କାଳି ଛାଟିଦେଉଥିଲା...
ନହେଲେ
କୋଉ ସାଙ୍ଗ ପାଇଁ ଲେଖିଦେଉଥିଲା
ଗୋଟେ ରସରସିଆ ପ୍ରେମଚିଠି !

ଭାଷଣବାଜି କରି
ଡିବେଟ୍‌ରେ ଫାଷ୍ଟ ହେଉଥିବା ହୁସେନ୍ ଭାଇ

କବିଟେ ହେଲା ପଛେ
ସ୍ୱାର୍ଥପର ରାଜନେତାଟେ ହେଲାନି।
ଶିକ୍ଷକ ଘୋଷେଇଥିବା ଧାଡ଼ିସବୁକୁ
ଭୁଲିଗଲା ଲେନିନ୍।
ଚାକିରି ଚାଲିଗଲା ପଛେ
ଖବରକାଗଜରେ
ସତ ଲେଖିବା ଛାଡ଼ିଲାନି।

କୋଉ ପାଠ କଥା କହୁଚ ହୋ ଅବଧାନେ
ଯୋଉ ପାଠର ତୁଣ୍ଡ ନାଇଁ କି ମୁଣ୍ଡ ନାଇଁ??
ଦେଖ, ପାଠୁଆ ନହେଇ ବି
ବେଶ୍ ଖୁସିରେ ଅଛି ରହିମ୍ ଚାଚା
କଚ୍‌କଚ୍ ବକ୍ରୀ କାଟୁଚି...
ପାଚିଲା ପଣସ ଚୋପାକୁ
ମାଛିମାନେ ଘେରିଲା ପରି
ତା' ପାଖରେ ଗରାଖଙ୍କ ଭିଡ଼ ଜମୁଛି !

ଯଦି ଗାଈ ଦୁଉଁଦୁଉଁ
ରାବିଡ଼ି ଅପା ବନିଗଲା
ଗୋଟେ ରାଜ୍ୟର ମହାରାଣୀ...
ଚା' ବିକୁବିକୁ
ମୋଦି ଭାଇ ହୋଇଗଲା
ଦେଶର ପ୍ରଧାନମନ୍ତ୍ରୀ...
ମୋ' ପିଲା ମୂରୁଖ ହେଉ ପଛେ
ଗୋଡି ଖଟୁ କି ଦାଦନରେ ଯାଉ
ସେ ଘୋଷଣବିଦ୍ୟା
ମୋର ଲୋଡ଼ା ନାହିଁ !!

ଉଜ୍ଜ୍ୱଳ ଅରଣ୍ୟ

ଦେହର ଅଗନାଅଗନି ବନସ୍ତ
କେଡ଼େ ଅଗମ୍ୟ ସତରେ !
ଚାରିଆଡ଼େ ଛନ୍ଦାଛନ୍ଦି ଗୁଳ୍ମଲତା
ମାଳମାଳ ଖାଲଖମା, ତୀକ୍ଷ୍ଣ କଣ୍ଟା।
ପତ୍ରଟେ ପଡ଼ିଲେ
ଲାଗେ ପଥର ପଡ଼ିଲା ପରି !

ଯୋଉଠି
ମନର କପୋତୀ ବାହୁନୁଥାଏ
ଅଥଚ ଦେହକୁ ଶୁଭେନି।
ଯୋଉଠି ବର୍ଷତମାମ୍ ଫୁଲ ଫୁଟୁଥାଏ
ସେଠି ପହଂଚିପାରେନା ପ୍ରଜାପତି !

ବଂଶୀର ରନ୍ଧ୍ରରେ ବା କେତେ ଜାଗା ଥାଏ
ସମୟର ସ୍ୱରକୁ ସାଇତିବାକୁ ?

ଦେହ ଭିତରେ
ଯେବେ ବରଫ ତରଳିବା ଆରଂଭ କରେ

ତରଲୁତରଲୁ
ପୂରା ତରଳିଯାଏ ହିମାଳୟ !

ଅରଣ୍ୟଠାରୁ କିଛି କମ୍ ଭୟସଂକୁଳ ନୁହେଁ
ଏ ଦେହ ଭିତର !
ଖାଲି ବନସ୍ତକୁ ଡରିଲେ କ'ଣ ହେବ ?
ଗୋଟେ ସୂର୍ଯ୍ୟ, ଗୋଟେ ଚନ୍ଦ୍ର
ମୁଠେ ପ୍ରେମ, ଟୋପେ କରୁଣା
ଯଦି ଝଲମଲ କରିଦେଇପାରଂତି
ଏଡ଼େ ବିରାଟ ପୃଥ୍ୱୀ,
ଦେହ ଭିତରକୁ କ'ଣ
ପାଛୋଟି ଆଣିହେବନି
ଫର୍ଚ୍ଚା ଆଲୁଅ ?

ତେଣିକି
ଆପେଆପେ ଖୋଲିଯିବ ରାସ୍ତାସବୁ
ସୂତାରେ ପଡ଼ିଥିବା
ଅଫିଟା ଗଣ୍ଠିସବୁ ଫିଟିଯିବ
ଆଗକୁ ପାଦ ବଢ଼େଇଲେ
ଆପେଆପେ ବୁଜିହେଇଯିବ ଖାଲଖମା
ହଟିଯିବ ବଡ଼ବଡ଼ ପଥରଖଣ୍ଡ
ରାସ୍ତା ଏତେ ସହଜ ଲାଗିବ ଯେ
ଯେମିତି ଚାଲୁନି ତ, ଉଡୁଛି ପାଦ !

■■

ପାଳଛାଞ୍ଚ

ଜଳରେ ବିସର୍ଜିତ
କୌଣସି ଏକ ମୂର୍ତ୍ତିର ପାଳଛାଞ୍ଚ ପରି
କରୁଣ ଦିଶୁଥିଲା ତା'ର କବନ୍ଧ
ପୋଖରୀଯାକର ପଙ୍କ
ବୋଳିଲେ ବି
ଇତିହାସର ଶୂନ୍ୟତାକୁ ଢାଙ୍କିବା ପାଇଁ
ଗଣ୍ଡି ଦେହରେ ଖାପୁନଥିଲା ମସ୍ତକ।

ଡେଙ୍ଗରୁ ଝଡ଼ିଥିବା ବଉଳ
ଶୂନ୍ୟରେ ମିଳେଇଯାଇଥିବା ଖରା
ଫେରୁନଥିଲେ ନିଜନିଜର ସ୍ଥାନକୁ
ଏପରିକି ଅପହୃତ ପବନର ଆଉଁସା
ଜାହିର୍ କରିପାରୁ ନଥିଲା
ନିଜର ଉପସ୍ଥିତି !

ଉଦ୍‌ଗତ ଲୁହଧାର ଦେଖି
କେତେକାଳ ଅବା
ସହିଥାନ୍ତା ସମୟ ପକ୍ଷୀ !

ରଣକ୍ଷେତ୍ରର ଚେପା ମୁକୁଟ
ଛିଣ୍ଡା ହାର, ଭଙ୍ଗା ଶର
କଟାଯାଇଥିବା ହାତଗୋଡ଼
ଆହୁରି ଜାଳୁଥିଲେ କଳିଜାକୁ

ବିଛାର ନାହୁଡ଼ ବାଜିଲା ପରି
ବିନ୍ଧିଉଠୁଥିଲା ମନର ଅଭିମାନ ।

ଦେହର ଉପକୂଳକୁ
ଡୁବେଇ ରକ୍ତନଦୀରେ
ଭାସିଯାଉଥିଲା ଅସୁମାରି
ଅହଂର ଭଗ୍ନାବଶେଷ ।

ରାତିର ନିର୍ଜନତା
ଆହୁରି ଜରାଜୀର୍ଣ୍ଣ କରୁଥିଲା
ଅନ୍ଧ ଅମରତ୍ୱକୁ
ଭରାନଦୀର ରକ୍ତ
ବାଷ୍ପ ହୋଇ
ଧୀରେଧୀରେ ପାଲଟୁଥିଲା କାକର !

ତଥାପି ଅନ୍ଧ ରାଜାର ମୁଣ୍ଡ
ଅଲଗା ରହିଯାଉଥିଲା ଦେହଠାରୁ
ଚେତା ପଶୁନଥିଲା ମନରେ ।
ତାକୁ ଦିଶୁନଥିଲା ଆଖି ଆଗରେ
ଘୋଟିରହିଥିବା ମହାମାରୀ ନିଃସଙ୍ଗତା ।

ଶେଷକୁ ସେଇ ନିଃସଙ୍ଗତା
ତାକୁ ନିର୍ମୂଳ କରି
ଛାଡ଼ିଲା ଏମିତି ଜାଗାରେ
ଯେଉଁଠି ଜଣେ ହେଲେ ବି
ନିଜର କେହି ବଞ୍ଚିନଥିଲେ
ପାଣି ଟୋପେ ଦେବାକୁ
ସେ ଶେଷନିଃଶ୍ୱାସ ଛାଡ଼ିଲାବେଳେ !

ଯାଦୁକର

ଆହା ! କୋଉଠୁ ଆଣେ ସେ
ଏମିତିକା ଆଖିଝଲସା ରଂଗ
ମାମୁଲି କାଗଜକୁ ଛୁଉଁଛୁଉଁ
ଦୁନିଆ ହାଟରେ
ବଢ଼ିଯାଏ ତା'ର
କାହିଁରେ କ'ଣ ଭାଉ !

ସତରେ ତା' ପରିକା
ଗୋଟେ ନିଆରା ଫଗୁଣ
ଯାହାକୁ ମିଳିଯାଏ,
ଦେଖୁଦେଖୁ ତା'ର ଧୂଡୁଧୂଡୁ
ଚମରେ ଚହଟିଉଠେ
କଦମ୍ବଫୁଲିଆ ଶିହରଣ...
ପାକୁଆ ପାଟିରେ ଚମକିଉଠେ
ବଗପକ୍ଷିଆ ଦାଂତ...
ଚନ୍ଦାମୁଣ୍ଡରେ ଲହରେଇଯାଏ
ନୃତ୍ୟବିଭୋର ମୟୂରପୁଚ୍ଛ ପରି
ଗହଳ କେଶ !

ଗୋଟେ ଦରମଲା ରକ୍ତନଦୀରେ
ଅଳସ ଭାଂଗେ ଚଗଲା ବୟସ !

ସତରେ,
ସେ କେମିତିକା ମନଚୋର କେଜାଣି
ଯାହାକୁ ଥରେ ସେ
ଚାହିଁଦିଏ ସଂତୁଷ୍ଟ ଆଖିରେ
ଇଗଲ ଡେଣାରେ ବସି
ସେ ଭ୍ରମୁଥାଏ ଏ ଦେଶୁ ସେ ଦେଶ,
ଇସାରା ମାତ୍ରକେ
ତା'ର ବୋଲ ମାନନ୍ତି
ଆଇନ, ଅଦାଲତ...
ସରକାର, ଅଣସରକାର !

ତା' ଗଳାରେ ମାଳା ପରି ଝୁଲିପଡ଼ନ୍ତି
ରୂପସୀ ତାରକାମାନେ
ଅତର ଝରେଇ
ତା' ରାତିକୁ ମହକାଇଦିଏ ମାଲୁଣି ମଳୟ !

କେଜାଣି, କୋଉଠି ଥାଏ
ସେ ଯାଦୁକର
ଯା'ର ପଛେପଛେ
ଗୋଡ଼ାଉଥାଏ ଚଳନ୍ତି ସମୟ
ପୋଷା ଶ୍ୱାନ ପରି
ଯା'ର ପାଦ ଚାଟେ
ଜାରଜ ସଭ୍ୟତା !

ଯୋଉ ଜାଗାରେ ସେ ଥରେ ପାଦ ଥୁଏ
ସେଠି ଜନ୍ମ ନିଅନ୍ତି

ଗୋଟେଗୋଟେ ଟାଟା, ବିର୍ଲା
ନହେଲେ ବେଦାନ୍ତ କି ପୋସ୍କୋ।

ଏମିତି ସେ କେତେ ରୂପ ରୋଶଣିରେ
ଧୋଇଦିଏ ପାପୀର ପାପ,
ଦାଗୀର କଳଙ୍କ !

ଜ୍ୟୋସ୍ନାର ପିଠଉରେ
ଧଉଳେଇଦିଏ ଅଫିମିଆ ଅଂଧାରକୁ
ତା'ର କାଉଁରୀ ଛୁଆଁରେ
ମୃତ କୋଇଲି କଣ୍ଠରେ
ଫେରିଆସେ ନୂଆ ଜୀବନ,
କୁହୁ ତୋଳେ ନହୁଲି ରୋମାଂଚ
ଏବଂ ଗଜାଭେଣ୍ଡିଆ ପରି
ଅସ୍ତାଚଳକୁ ଯାଉଯାଉ
ଫେରିଆସେ ବୁଢ଼ାସୂର୍ଯ୍ୟ !

ହୃଦୟର ନବଜନ୍ମ

ମୋ' ଭିତରର ଛିଦ୍ରମାନଙ୍କୁ
ବୁଜିବା ପାଇଁ
ଯୋଉ ହାତସବୁ ଶ୍ରଦ୍ଧାରେ
ମୋ' ଆଡ଼କୁ ଲମ୍ବିଆସେ,
ସେମାନଙ୍କୁ ମୁଁ ପ୍ରଣାମ କରେ।

ବେଳେବେଳେ ଭାବେ
କାହିଁକି ମୁଁ ପାଖୁଡ଼ାଏ ହସ ନହେଲି ?
ନହେଲେ
କୋଉ ତୃଷାର୍ତ୍ତ ହରିଣର ଦି'ଟୋପା ଲୁହ !
ଅବା କୋଉ ବଦ୍‌ନାମ୍ ଗଳିର
ରାତିଅଧ ଦଲକାଏ ପବନ !

ବରଫ ପରି ତରଳିଯାଉଥିବା
ଏ ରାତିର ଅନ୍ଧାର
ଏତେ ଉଷ୍ଣତା କୋଉଠୁ ଆଣେ ?
ଯେତେବେଳେ ସେ
ପୁଷି ବିଲେଇ ପରି

ଜାକିଜୁକି ହେଇ
ପଶିଆସେ ମୋ' କୋଳକୁ
ସତେ ଯେମିତି
ମୋ' ଛାତି ଭିତରେ
କଅଁଳିଉଠେ ପୁଳେ ଦୁବଘାସ !

ଝର୍କା ଫାଙ୍କ ଆକାଶରେ
ମିଟିମିଟି କରୁଥିବା ଉଜ୍ଜ୍ୱଳ ତାରାଟିଏ
ମୋତେ ଚିହ୍ନିଲା ଚିହ୍ନିଲା ଆଖିରେ ଚାହେଁ।
ସେତେବେଳେ
ଧାଙ୍ଗଡ଼ୀମାନଙ୍କ ପରି
ପରସ୍ପରର ଅଣ୍ଟାକୁ ଧରି
ସ୍ୱପ୍ନମାନେ ନାଚିଉଠନ୍ତି
ମୋ' ଆଖି ସାମ୍ନାରେ।

କୁଆଡ଼େ ଥାଏ କେଜାଣି ଏତେ ଜୁଆର ?
କେତେବେଳେ ଦଉଡ଼ିଆସି
କାଦୁଅରେ ଲାଖିଥିବା ଡଙ୍ଗାଟିକୁ
ଭସେଇଦିଏ ଜଳସ୍ରୁଅରେ !

କୋଉକାଳୁ
ବହି ଭିତରେ ମୁହଁମାଡ଼ି ପଡ଼ିଥିବା
ଅଲୋଡ଼ା ଅକ୍ଷରମାନେ
ହଠାତ୍ ଶୃଙ୍ଖଳିତ ପିମ୍ପୁଡ଼ିମାନଙ୍କ ପରି
ଧାଡ଼ିହେଇ କୁଆଡ଼େ ବାହାରିପଡ଼ନ୍ତି।
ଆଉ କଲମମାନେ
ଛିଡ଼ା ହୋଇ ପାଲଟିଯାଆନ୍ତି
ରାସ୍ତାର ବତିଖୁଣ୍ଟ।

ପେନ୍ଥିପେନ୍ଥି ବଉଳ ପରି
ଭାରି ପୂରିଲାପୂରିଲା ଦିଶନ୍ତି
ସଂସାରର ସବୁ ଖାଲିପଣ !
ଆଖି ଭିତରୁ ବାହାରି
କୁଆଡ଼େ ଉଡ଼ି ପଳାଏ
ସବୁଯାକ ମାୟା ଅନ୍ଧାର !

ଇଟା ତଳର ଶେଥା ଦୁବଘାସ
କେମିତି ଗୋଟେ ନୂଆନୂଆ ଦିଶେ ଆଖିକୁ,
ହଠାତ୍ ନିଜକୁ ସଜେଇ ସବୁଜ ରଙ୍ଗରେ !
ଲାଲ ଜୁଡୁବୁଡୁ ଗୋଟେ
ଲଙ୍ଗଳା ଶିଶୁ ଭିତରେ
ସତେ ଯେମିତି
ହୃଦୟର ହୁଏ ନବଜନ୍ମ !

■■

ଜଙ୍ଗଲ ବୁଲା

ଏଥର ଜଙ୍ଗଲକୁ ବୁଲି ଯିବି ତ
ମୁଁ ଏକା ଯିବି
ବିନା ଅସ୍ତ୍ରରେ, ବିନା ପ୍ରସ୍ତୁତିରେ।

ଯଦି ସାଙ୍ଗରେ କିଛି ନେବାକୁ ପଡ଼େ
ତେବେ ନେଇଯିବି ଛାତିଏ ଜହ୍ନରାତି
ଆଖିଏ କୌତୂହଳର ଅବୁଝା ଲହଡ଼ି
ଏବଂ ମନକାଗଜରେ ଲେଖା
କିଛି ଅଭୁଲା ପ୍ରେମଚିଠି।

ମୋର ଜଙ୍ଗଲମନସ୍କ ହେବାର ଅର୍ଥ ନୁହେଁ
ସଂସାରବୈରାଗ୍ୟ ବା ଅନ୍ୟ କିଛି।

ଏବେ ବି ମୁଁ ଭଲପାଏ
ମୋର ସେଇ ଶତ୍ରୁଟିକୁ
ଯିଏ ମୋର ସବୁଠୁ ବେଶି ଅନିଷ୍ଟ କରିଚି !
ମୋର ଆତ୍ମୀୟ ସ୍ୱଜନଙ୍କର
ସ୍ୱାର୍ଥପରତାକୁ ମୁଁ ଧରିନେଇଚି
ସେମାନଙ୍କର କୌଣସି ନା କୌଣସି ମଜ୍‌ବୁରି।

ଉଠ୍‌ପଡ୍ ଜୀବନର ଧଇଁସଇଁ
ଓ ଧସିପଡୁଥିବା ଭଙ୍ଗାଘର ଭିତରେ
ମୁଁ ଏବେ ବି ଦେଖିପାରେ
ଗୋଟେ କଅଁଳା ବାଛୁରିର
କୌତୁକିଆ ଡିଆଁକୁଦା,
ମେଘଘୋରା ଲୋହିତ ଦିଗ୍‌ବଳୟରେ
ମୁଁ ଭେଟିପାରେ
ଧାରଧାର କ୍ଷୀର ଝରିବା,
ଗୋଟେ ଉଜ୍ଜ୍ୱଳ ଭୋର୍
ଆସ୍ତେଆସ୍ତେ ଆଖିଖୋଲୁଥିବା ।

ଏଥର ଜଙ୍ଗଲକୁ ବୁଲି ଯିବି ତ
ମୁଁ ଏକା ଯିବି
ଆଉ ଦେଖିବି
ମୋ' ଭିତରେ ଥିବା
ଗହନ ଜଙ୍ଗଲ
ଆଉ ମୁଁ ଦେଖୁଥିବା ଜଙ୍ଗଲ ଭିତରେ
କେତେ ମେଳ ଅଛି ।

ମଧ୍ୟବିତ୍ତ

ମଧ୍ୟବିତ୍ତର ନଥାଏ ଘର
କୋଉ ନାଁ ଅଜଣା ମଫସଲ ଗାଆଁରେ
ହେଇଥିଲା ତା'ର ନାହିକଟା,
ଲେଖା ହେଇଥିଲା ତା'ର ଜନ୍ମଜାତକ,
ତାକୁ ସେ ପୁରୁଣା ଦିନର
ଗୋଟେ ଦହଗଞ୍ଜିଆ ଘା' ପରି
ଭୁଲିଯିବାକୁ ଚାହେଁ।

ଯୋଉ ଗାଆଁରେ
ପଚପଚ କାଦୁଅ, ମଚମଚ ଅଂଧାର
ତିନିକୋଶ ବାଟ ଚାଲିଲେ ବିଦ୍ୟାଳୟ।
ହାତପାଆନ୍ତାରେ ନା ଗାଡ଼ିଘୋଡ଼ା
ନା ଦୋକାନ ବଜାର।

ପିଲାଦିନରୁ
ଦେଖିଆସିଥିବା ଗାଁ ଭୂଇଁକୁ
ସେ ଭାବେ
ଗୋଟେ ଅପାଣ୍ଡବା ରାଇଜ !

ତେଣୁ ମଧ୍ୟବିତ୍ତର ଏକମାତ୍ର ସ୍ୱପ୍ନ
ସହରର ଚାକଚକ୍ୟ, ବାବୁଗିରି
ଯଦିଓ ସେଠି ତା'ର
ନା ଥାଏ ଘରଟିଏ
ନା ଥାଏ ବାଡ଼ିବଗିଚା ନିଜର ବୋଲି,
ତଥାପି ଗୋଟେ ସାହେବୀ ଚେହେରା ଭିତରେ
ନିଜକୁ ଖାପଉ ଖାପଉ
ବୟସ ମୁଣାରୁ
ଖର୍ଚ୍ଚ ହେଇଯାଏ
ସବୁତକ ଖୁଚୁରା ଆୟୁଷ।

ଗୋଟେ ଅଣଚଉଡ଼ା ଭଡ଼ାଘରେ
କେତେବେଳେ ପଶନ୍ତି ସାପ-ବେଙ୍ଗ ତ
କେତେବେଳେ ମୂଷା-ଚୁଚୁନ୍ଦ୍ରା
କେତେବେଳେ ପୁଣି ଲଘୁଚାପ ବର୍ଷା।

ଘରଟା ଉପରେ
ସବୁରି ନାହିଁ ନଥିବା ଅଦଉତି।
ପବନ ବହିଲେ
ପାଖଦେଇ ଯାଇଥିବା
ନର୍ଦ୍ଦମା କେନାଲରୁ
ଦୁର୍ଗନ୍ଧ ଆସେ ବୋଲି
ଅନେକ ସମୟରେ
ବନ୍ଦ ଥାଏ କବାଟ, ଝର୍କା।
ତା' ସାଙ୍ଗକୁ ପୁଣି
ଚୋର, ତସ୍କରଙ୍କ ଜଂଜାଳ
ଅଭାବ ଅନଟନ, ଧାର୍ ଉଧାର
ତଥାପି ମଧ୍ୟବିତ୍ତକୁ
ସୁଖ ଲାଗେ ସହର।

ସହରୀ ସ୍ୱପ୍ନକୁ ସାତଗଣ୍ଠି କରି
ଅଣ୍ଟାରେ ଖୋଷି
ସେ ଧାଉଁଥାଏ
ଏ ଗଳିରୁ ସେ ଗଳି
ଏ ଅଫିସ୍‌ରୁ ସେ ଅଫିସ୍।

ତେଣେ ଗାଆଁର
ବାପ ଗୋସିଁବାପ ଅମଳର ଘର
ଅର୍କ୍ଷିତଙ୍କ ପରି
ପଡ଼ିଥାଏ ଭିଟାମାଟି ଉପରେ
ଗୋଟେ ଅଯତ୍ନ ଅରମା ବଣରେ।
ଭିଜୁଥାଏ ବଡ଼ବଡୁଆଙ୍କ
ଟୋପାଟୋପା ଲୁହରେ।

■■

ମୃତ୍ୟୁ ସହ ଲୁଚକାଳି

କୁଆଡ଼େ ଯାଉଚ, ପିଲାମାନେ !
ଥାଇ ଗୁମ୍ଫାର ଗୀତ ଶୁଣିବାକୁ ?

ଶୁଣିଚି :
ଆଈମାଆର କୋଳ ପରି ଭାରି ମିଠା
ସେ ପ୍ରାଚୀନ ଗୁମ୍ଫାର ହୃଦୟ ।
ତୁମକୁ ଦେଖୁଦେଖୁ
ପାଖରେ ବସେଇ
ଗପର ପେଡ଼ି
ଏମିତି ମେଲିଦେବ ଯେ
ତୁମେସବୁ ଭୁଲିଯିବ ଫେରିବା କଥା !

ହେଲେ ଯିବା ପୂର୍ବରୁ
ଟିକେ ଆଖି ପୂରେଇ ଦେଖିଯାଅ
ଉଦିତ ସୂର୍ଯ୍ୟର ଆଗ୍ନେୟ ଲାଭା
ଉଚ୍ଚ ଆକାଶରେ ଉଡୁଥିବା
ଇଗଲ୍‌ର ସ୍ପର୍ଦ୍ଧିତ ଚେହେରା ।

ରୁହ, ଦଣ୍ଡେ ଛିଡ଼ା ହୁଅ
ନିଜ ଭିତରେ ଆଖିବୁଜି ଖୋଜ
ନିଜର ଗୋଟେ ପୂର୍ଣ୍ଣାଙ୍ଗ ମାନଚିତ୍ର !

ତା'ପରେ
ତୁମେମାନେ ଗୁମ୍ଫା ଭିତରକୁ
ଯେତେଯେତେ ଆଗେଇବ
ସେତେ ଆଗ୍ରହରେ ଆଗକୁ ଧାଇଁବ
ତୁମ ଚଞ୍ଚଳ ମନର ଘୋଡ଼ା ।

ମନକୁ ମୋଟେ ବାଧା ଦବନି ପିଲେ !
ଦେଖିବ, ଆଞ୍ଜୁଳାଏ ଖୁସିର ତାରକା
ଖସିପଡ଼ିବେ ତୁମ ହାତ ଆଞ୍ଜୁଳାରେ
ତୁମ ସାଥିରେ ଛୁପାଛୁପି ଖେଳିବାକୁ
ସେମାନେ ମାତିଉଠିବେ ବିଭୋରପଣରେ ।

ଅଙ୍କାବଙ୍କା ବାଟ,
ଝାପ୍‌ସା ଝାପ୍‌ସା ଆଲୁଅ-ଅନ୍ଧାର
ତୁମମାନଙ୍କୁ ଭାରି ଭଲଲାଗେ ନା ?
କେହି ସହଜରେ
ଯେମିତି ଟେର୍ ପାଇବନି
ତୁମ ନିଃଶ୍ୱାସ ପ୍ରଶ୍ୱାସର !

ତୁମେ ଚାହିଁଲେ ଆକାଶରୁ ଡାକି
ମାଟି ଅଗଣାର ଧୂସର ଧୂଳିରେ
ଗଡ଼େଇଦେଇପାରିବ ଚନ୍ଦ୍ରସୂର୍ଯ୍ୟଙ୍କୁ
ତୁମର ଫୁତ୍‌କାର ଭିତରେ
ମଳୟ ପରି ବହିବ ଦୁର୍ଦ୍ଦାନ୍ତ ଝଡ଼ !

ଅକସ୍ମାତ ହିଂସ୍ରଜନ୍ତୁ କି
ସରୀସୃପଟିଏ ଦେଖିଲେ
ତୁମେ ମୋଟେ ଭୟ କରିବନି।
ଯଦି ରେରେକାର ବର୍ଷାର ସୁଅ
ମାଂସଲୋଭୀ ଆନାକୋଣ୍ଡା ପରି
ପ୍ରକାଣ୍ଡ 'ଆଁ' ମେଲେଇ
ତୁମକୁ ଜଳଭଉଁରି ଭିତରକୁ ଟାଣିନିଏ,
ତୁମେ କେବେ ବି ଡରିବନି।

ଜାଣିଥା' ପିଲେ !
ପାହାଡ଼ର ବି ଆଖି ଅଛି
ତୁମ ମନ-ଫରୁଆରେ
ସାଇତା ଗୋଟିଗୋଟି
ଚିଟାଉ ପଢ଼ିବାକୁ !

ବାହାରେ ଯେତେ ଝଡ଼ ତୋଫାନ
ବହୁଚି ତ ବହୁଥାଉ
ତାଣ୍ଡବ ରଚୁଚି ତ ରଚୁଥାଉ
ବାଦଲଫଟା ଆଷାଢ଼
ପାହାଡ଼ ଜାଣେ
ପିଲାଙ୍କ ଜିଦ୍ ଅକାଟ୍ୟ !
ନିୟତି ବି ଜାଣେ
ତୁମ ଇଚ୍ଛା ପାଖରେ
ମହାକାଳ ବି ନତମସ୍ତକ !

ତୁମ ଅନ୍ତରତଳେ
ବହୁଥିବା ପ୍ରେମର ଫଲ୍‌ଗୁରେ
ପାଣିଫୋଟକା ପରି ମିଳେଇଦେବ
ମରଣର ଚକ୍ରବ୍ୟୂହ।

ଯେତେବେଳଯାଏ ତୁମମାନଙ୍କର
ହାତରେ ହାତ ମିଶିରହିଚି,
ଆପେଆପେ ଅଚଳ ହେବ
ଦୁର୍ଯୋଗର ସବୁ ଷଡ଼ଯନ୍ତ୍ର।

ଯାଅ ପିଲେ, ଡରନି।
ହୃଦୟ ଦୁଆର ଖୋଲି
ତୁମକୁ ପାହାଡ଼ ଡାକୁଛି !

୨୦୧୮ ମସିହା ଜୁନ୍ ମାସ ୨୩ ରୁ ଜୁଲାଇ ୯ ଯାଏଁ ଥାଇଲାଣ୍ଡର ଥାମ୍‌ଲୁଆଙ୍ଗ ଗୁମ୍ଫା ଭିତରେ ବାରଜଣ କିଶୋର ଫୁଟ୍‌ବଲ୍ ଖେଳାଳି ଓ ତାଙ୍କର କୋଚ୍ ଦୀର୍ଘ ଅଠରଦିନ ଧରି ଫସିରହିବା ପରେ ନିଜର ଆତ୍ମବିଶ୍ୱାସ ପାଇଁ ଯେମିତି ମୁକ୍ତିର ସୂର୍ଯ୍ୟ ପୁଣି ଦେଖିପାରିଲେ, ଉକ୍ତ କବିତାଟି ସେମାନଙ୍କ ପ୍ରତି ଏକ ସଶ୍ରଦ୍ଧ ସଲାମ୍।

କୁଆଁକୁଆଁ

କାନ୍ଥମାନେ କାହିଁକି କାନ୍ଦିପାରନ୍ତିନି ?
ଖୁମ୍ବମାନେ କାହିଁକି କୋଳେଇପାରନ୍ତିନି
କାହାକୁ ବାହୁମେଲେଇ ?

ଝରଣାର ଖିଲିଖିଲି ହସ ଦେଖି
ନଣ୍ଡା ପାହାଡ଼ ବତୁରି ଯାଉନଥିବ
ବହଳ ଦୁଃଖରେ...
କଂକ୍ରିଟ୍ ଛାତ ଓ ଚଟାଣମାନେ
କ'ଣ ଭିତରେ ଭିତରେ କୁହୁଳୁନଥିବେ
ହେଲେନି ବୋଲି
ମିଠାବାସ୍ନାର ଉଦ୍ୟାନଟିଏ !

ଶାମୁକାଏ କଳଙ୍କ ଚାହେଁ
ବଦଳିଯିବାକୁ
ଶ୍ରାବଣର କୃଷ୍ଣମେଘରେ ।
ଅଲୋଡ଼ା ଶବ୍ଦମାନେ ବି ଚାହାନ୍ତି
ଲଳିତ ଭାଷା ହେଇ ନାଚିବାକୁ
ମୟୂର ଭଳି ହାଲ୍କା ବର୍ଷାରେ ।

କିଏ ବା କାହିଁକି ମାନିବ
ଯାହା ମୁଁ କହୁଚି
ତା' ସତ ହୋଇପାରେ ବୋଲି ?

ସତ ହେବନି କାହିଁକି ଯେ ?

ବେଳେବେଳେ
ନିଷ୍ଠୁର କଂସେଇର ହୃଦୟ ମରୁଭୂମିରେ
କ'ଣ ଫିଟିପଡ଼େନା
ଗୋଟେ ହସକୁରି ଓଏସିସ୍‌ର ଉଦ୍‌ଭାକାନି
ମେଘଘେରା ଆକାଶରେ
ଦିଶିଯାଏନା
ଇନ୍ଦ୍ରଧନୁର ନାଲିନେଳି ଦୁଷ୍ଟାମି ?

ଆଜି କାହିଁକି ଭାରି ଇଚ୍ଛା ହେଉଚି
ସବୁ ଗୋଡ଼ି, ପଥରଙ୍କୁ
ସଜେଇବାକୁ ପ୍ରେମିକ ବେଶରେ
ବହଲେଇଦେବାକୁ
କାନ୍ଦକାନ୍ଦ ଆଖିମାନଙ୍କୁ
ଜ୍ୟୋତ୍ସ୍ନାର ଆଉଁସାରେ,
ମଳୟର ଗେଲରେ !

ଯେମିତି ସବୁଯାକ କାନ୍ଥ
ଖମ୍ବ-ଚଟାଣ ଓ ଛାତ
ପାଲଟିଯିବେ
ଗୋଟେଗୋଟେ ଗୀତପାଗଳ ଝାଉଁବଣ ।
ଯେଉଁଠି ଥିବ ମଶାଣିର ଖାଁଖାଁ
ସେଠି ଲହଡ଼େଇ ଦେବାକୁ
ଅନ୍ତୁଡ଼ିର କୁଆଁକୁଆଁ
କଅଁଳ ସମୁଦ୍ର !

■■

ଅସଲ ଚିତ୍ର

କେହି ଜାଣଂତିନି
ଗୋଟେ ଆତତାୟୀ ରାତିର ଅଣ୍ଟାରୁ
ଚକ୍‌ଚକ୍ ରୁପାଟଙ୍କା ପରି
କେତେବେଳେ
ଖସିପଡ଼େ ଜହ୍ନ।

ପାହାଡ଼ ଉପର
କୌଣସି ଏକ ନିଛାଟିଆ ଜାଗାରୁ
ଆବିଷ୍କୃତ ହୁଏ
ପିମ୍ପୁଡ଼ିମାନେ ଘେରିଥିବା
ମେଞ୍ଚାଏ ଗୁଡ଼ !

ଏତେବେଳେ
ଭଲଲାଗେ ଜୀବନର ମଜାମଉଜ
ସ୍ୱପ୍ନ ପଛରେ
ଧଇଁସଇଁ ଧାଁଦଉଡ଼ !

ବେଳେବେଳେ
ବନ୍ଧୁକ ଓ ବୋମା ଲାଗନ୍ତି ବି
ଆଲିଙ୍ଗନ ଓ ଚୁମ୍ବନ ଠୁ ନିବିଡ଼ !
କେହି ଜାଣନ୍ତିନି
ନିଜର ଶକ୍ତ ହାତମୁଠାରୁ
କେତେବେଳେ
ଜହ୍ନ କାଢ଼ିନିଏ
ସବୁତକ ସଂଚୟ !

ଶ୍ରାବଣର ବର୍ଷାରାତିରେ
ଗୋଟେ ରସିକ କାଉଡ଼ିଆ ପରି
ସକାଳ କାନ୍ଥରେ ଲାଗିଥାଏ
ପାଣିଭାର କାନ୍ଧେଇଥିବା
ସୂର୍ଯ୍ୟର ପୋଷ୍ଟର !

ବଙ୍କା ହସ

ଗୋଟେଗୋଟେ ବଙ୍କା ହସର
ସତରେ କେଢ଼େ ତାକତ୍ !
ନିମିଷକେ ଝଲ୍‌ମଲ୍ କରିଦଉଚି
ସାହିବସ୍ତିର ଉପାସିଆ ମୁହଁ !

ପିଲାମାନଂକୁ ନୂଆ ସାଇକେଲ୍
ନୂଆନୂଆ ପୋଷାକ
ସମସ୍ତଙ୍କ ପାଇଁ
ପାଞ୍ଚଟଙ୍କିଆ ମଧ୍ୟାହ୍ନଭୋଜନ।

ଯେମିତି
ମଲା ବାଉଁଶକଣିରେ
ଫୁଟିଯାଉଚି
କୁଢ଼କୁଢ଼ ରକ୍ତଗୋଲାପ !

ଗାଆଁରୁ ସହରଯାଏ
ହାଟରୁ ଗୋଠଯାଏ
ସବୁ ଗଳି, ଗୋହିରୀ
ଛକ, ମୋଡ଼ାଣିରେ

ସେଇ ବଙ୍କା ହସର
ରଂଗବେରଂଗ ପୋଷ୍ଟର !

ପିଲାଦିନେ
ଆମ ଗାଁ ନଈକୂଳରେ
ମୁଁ ଦେଖିଥିଲି
ଏମିତି ଗୋଟେ ବଙ୍କା ହସ
ଯିଏ ହସିହସି ମତେ
ଟାଣିନେଇଥିଲା ଅଥଳ ଜଳକୁ !
ଆଉ ମତେ ଏମିତି ଭିଡ଼ିଧରିଲା ଯେ
ଆଜିଯାଏ ମୋ' ଦେହରେ ଅଛି
ତା'ର ଆଲିଂଗନର ଦାଗ !

ସେ ହସ ସତରେ କୋଉଠୁ ଆସେ ?
କେମିତି ଅମଳ ହୁଏ ?
ଗଂଜେଇ ପରି ଲୁଚାଣିଆ ଚାଷ ହୁଏ କି
ଜଙ୍ଗଲିଆ ପାହାଡ଼ ଉପରେ ?
ଦେଶୀ ମଦ ପରି ରନ୍ଧା ହୁଏ କି
ପରିତ୍ୟକ୍ତ କାର୍ଖାନା ଭିତରେ ?

ଯୋଉଠି ବଡ଼ବଡ଼ ଲୋକଙ୍କ ବସାଉଠା
ଗରିବଗୁରୁବାଙ୍କ ପାଇଁ
ଯୋଉଠି ବସିଥାଏ ଦରବାର
ସେଇଠି ମୁଁ ତାକୁ ଦେଖେ
ଝାଳନାଳ ହେଇ
ସେବାରେ ଲାଗିପଡ଼ିଥାଏ !

କେଜାଣି କି ଯାଦୁ ଅଛି ସେ ହସରେ !
ନିମିଷକେ ପାଣିକୁ କରିଦିଏ

ସୁଗନ୍ଧ ଅତର
ବହଳ ଅଂଧାରକୁ
ଚକ୍‌ଚକ୍ ବିଜୁଳି ଆଲୁଅ
ଲୁହ, ଲେଂଜରାକୁ
ଗୁଆଘିଅ
ଆଉ ଗମ୍‌ଗମ୍ ଝୋଳକୁ
ଅଗୁରୁ ଚନ୍ଦନ !

ସେ ହସ
ମଲାଲୋକକୁ ଦେଇପାରେ ଇନ୍ଦିରା ଆବାସ
ନଥିବା ଲୋକକୁ ଉଡ଼େଇଆଣି
ବାଢ଼େଇଦିଏ ଭୋଟ୍ !

ସେ ବଙ୍କା ହସର କି ତୀକ୍ଷ୍ଣ ଧାର
ଆଖି ପିଛୁଳାକେ
କାଟିଦିଏ ଶହଶହ ବେକ !

ଦିନେ ମୋ' ସ୍ୱପ୍ନରେ
ସେ ଆସିଥିଲା ଯେ,
ତାକୁ ଦେଖୁଦେଖୁ
ମୁଁ ଲମ୍ବ ହେଇ ପଡ଼ିଗଲି ।
ସାରାରାତି ସେବିଲି
ତା'ର ପଦ୍ମପାଦ !

ଦିନ କେଇଟା ଯାଇନି,
ମୋ' ଚାଳଘର ଉଭାନ୍
ତା' ଜାଗାରେ ଛିଡ଼ା ହେଲା
ଗୋଟେ ସୁନ୍ଦର ଉଆସ !

ମୋ' ବଡ଼ପୁଅ ଅଧାପାଠରୁ
ଛାଡ଼ିଥିଲା ଇସ୍କୁଲ।
ସେ ବଙ୍କା ହସ ପଛରେ ଧାଇଁଧାଇଁ
ଏବେ ଦେଖ,
ରାଜଧାନୀରେ
ଚଢୁଚି ଦାମୀ କାର୍ !

ସଂଗାତେ !
ତମକୁ ମିଛ, ମତେ ସତ।
ଆମ ଗାଁ ଆଡ଼େ କେବେ ଆସୁନ !
ଦେଖିବ
ଆଜିକାଲି ମୁଁ ରାସ୍ତାରେ ଗଲେ
କେମିତି ଗର୍ଭିଣୀ ଗାଈ ବି
ମତେ ଛାଡ଼ିଦଉଚି ବାଟ !

ଘର ତୋଳିବାର ସ୍ୱପ୍ନ

ଓଇମାନଙ୍କର ଗୋଟିଏ ମାତ୍ର ଇଚ୍ଛା ଥାଏ :
ଯେମିତି ହେଉ,
ସେମାନେ ତୋଳିବେ ସୁନ୍ଦର ଘରଟିଏ !

ଘର ଛାତରେ ଗୋଡ଼ ଲମ୍ବେଇ
ବସିଥିବ ରସିକ ସୂର୍ଯ୍ୟ
ରାତିରେ ଜହ୍ନିଫୁଲକୁ କୋଳରେ ଧରି
ଗେଲ କରୁଥିବ ପ୍ରେମିକ ଜହ୍ନ।

ନାଗ-ନାଗୁଣୀ ଖେଳିଲାବେଳେ
ଦେଖି ବିଭୋର ହେବେ
ସେ ଘରର ଅପୂର୍ବ କୁଟିକମ !

ଘରକାନ୍ଥରେ ବସି
ଚଞ୍ଚୁରେ ଚଞ୍ଚୁ ଘଷୁଘଷୁ
ପାରାଯୋଡ଼ିକ ଦେହରେ
ପହଁରିଯାଉଥିବ ଥଣ୍ଡା ପବନ !

ବର୍ଷାଋତୁରେ
ଝଡ଼ିପୋକମାନେ ଗାତରୁ ବାହାରି
ପାଲଟିଯାଉଥିବେ
ଗୋଟେଗୋଟେ ଲମ୍ବା ଝରଣା !

କେହି ଜାଣୁ କି ନଜାଣୁ
ଉଇମାନେ ଜାଣନ୍ତି
କେମିତି ତୋଳାଯାଏ ଘର
ଆଉ କୋଉ ବାଗରେ
ଘରକୁ ରଖାଯାଏ ନିରାପଦ।

ସବୁବେଳେ ସାରୁବୁଦା ମୂଳେ
ହୋଇପାରେନା ସ୍ୱପ୍ନଦେଖା।
ବେଙ୍ଗ-ବେଙ୍ଗୁଲିଙ୍କ ଖପ୍‌ଖାପ୍ ଡିଆଁ
ଶିକାରୀ ଆଖିରେ
ଲଗେଇଦିଏ ଭୋକର ନିଆଁ।

ଯେତେ ବଢ଼ିବଢ଼ି ଯାଉଥାଏ
ଉଇମାନଙ୍କର ଘରର କାୟା
ସେତେ ବେଶି ପାଖେଇଆସେ
ଖରାବର୍ଷାର ନିବିଡ଼ତା।

ମୋର ଭାରି ଇଚ୍ଛା ହୁଏ
ଥରେ ବୁଲି ଦେଖନ୍ତି
ଉଇଙ୍କ ଘରର କାରୁକାର୍ଯ୍ୟ
ଯଦି ମୁଁ ପାରଂତି,
ଆକାଶରୁ ତୋଳିଆଣି ମୁଠାଏ ତାରା
ଖଂଜିଦିଅଂତି
ତାଙ୍କ ଘରର କାନ୍ଥବାଡ଼ରେ

ଇନ୍ଦ୍ରଧନୁର ସାତରଂଗ ଆଣି
ରଂଗେଇଦିଅଂତି
ତାଙ୍କ ଘରର ଭିତର ବାହାର
ନିଜ ହୃଦୟ ଚିରି
କରିଦିଅଂତି ହଳେ ଦମ୍ଫିଲା କବାଟ !

ଯଦି ମୁଁ ପାରଂତି
ସେମାନଙ୍କଠାରୁ ଶିଖଂତି
ଇଟା, ସିମେଣ୍ଟ, ଛଡ଼ ବିନା
କେବଳ ମାଟିରେ
କେମିତି ତୋଳିହୁଏ
ପ୍ରେମର ଘର !

■■

ଦେହର ଛାଇ

ଦିନ ଢଳିଲେ
ଦେହର ଛାଇ ବଢ଼ିବଢ଼ି ଯାଏ
ଯେମିତି ସକାଳର କାନ୍ଧ ଉପରେ ବସି
ଚାଳରେ ରାବେ ଡାମରାକାଉ।
ହେଲେ ସଂଜକୁ ତା'ର ଦେଖା ନଥାଏ।

ଚାଲାକ ମାଛମାନେ
ଲଂଫ ମାରନ୍ତି
ସିଂହାସନର ନରମ ଗଦି ଉପରକୁ।

କଅଁଳିଆ ଜହ୍ନ ଉପରେ ପଡ଼େ
ଘନକୁହୁଡ଼ିର ଈର୍ଷୁକୀ ଆଖି
ଏମିତି ଗୋଟେଗୋଟେ ଦିନ
ଘରେ ବସିବସି ବିତିଯାଏ
ଉଦାସପଣରେ।

ଅକାରଣ ହୋଇଯାଏ
ଖୋଲା ପାର୍କର
ବର୍ଷଣମୁଖର ଅପରାହ୍ଣ !

ବୟସ ସରିଯାଏ
ଲେଖୁଲେଖୁ ଗୋଟେ ନିର୍ଭୁଲ୍ ପ୍ରେମଚିଠି !

ଏମିତି ଗୋଟେଗୋଟେ ରାତି
ନିଜ ସହ ଅପଡ଼ କରିଦିଏ
ନିଜକୁ !

ଦେହର ଡେଙ୍ଗା ଛାଇଟା
ଶେଷଶ୍ରାବଣର ସଂଜରେ
ଉଦାସ ହେଇଯାଏ
ଦେଖିଦେଲେ
ବର୍ଷାପାଣିରେ ଭିଜି
ଓଲଟିପଡ଼ିଥିବା
କୁନିକୁନି କାଗଜଡଙ୍ଗାମାନଂକୁ !

ଆକାଶରେ ମେଘ ନାହିଁ

ଆକାଶରେ ମେଘ ନାହିଁ !

ଛିଣ୍ଡା ମଇଳା ଲୁଗାଟେ ପରି
କାଁଭାଁ ବାଦଲ ଖଣ୍ଡେ ଫର୍‌ଫର୍ ଉଡୁଚି !

ନଦୀମାନେ କଙ୍କାଳସାର
ସରସୀ ବୁକୁରେ ପିଟିହେଉଚି
ମରୀଚିକାର ଚାଞ୍ଚଲ୍ୟ !

ଆଗକୁ ଆସୁଚି ଅସଲ ମରୁଡ଼ି !

କାହା ଘରେ
କେତେ ଶସ୍ୟ ଅଛି,
କାହା ଛାତିରେ ଅଛି
କେତେ ବଉଦ...
ସବୁ ସାଇତି ରଖ
ମୁକାବିଲା ପାଇଁ ଦୁର୍ଦ୍ଦିନର।

ଏବେ ତ
ଆମ କ୍ଷେତସାରା

ଅନାବନା ବାଲୁଙ୍ଗା,
ବାଡ଼ିସାରା
ବାଇଡଙ୍କ ବିଛୁଆତି ।

ଅଥଚ
ଦିନେ ଥିଲୁ ଆମେ ସୌଦାଗର
ତୋଫାନର ତୋଡ଼ ଭାଂଗି
ସମୁଦ୍ରର ଉତ୍ତାଳ ତରଙ୍ଗଠାରୁ
କ୍ଷୀପ୍ର ଥିଲା ଆମ ବୋଇତର ଗତି ।

ଏବେ ଆମ ସ୍ୱପ୍ନ ଅଗଣାରେ
ସଁବାଲୁଆଙ୍କ ଅଦଉତି ।
ଇଚ୍ଛାନଦୀରେ
ଭର୍ତ୍ତି ହେଇଚି ବହଳ ପଙ୍କ ।
ତେଣେ ଶୂନ୍ୟଚାରୀ ବଡ଼ବଡ଼ୁଆମାନେ
ବଂଶନାଶର ଆଶଙ୍କାରେ
ଅହରହ ବ୍ୟତିବ୍ୟସ୍ତ ।

ଆମ ଭିଟାମାଟି
କ୍ଷେତବାଡ଼ି, ଧନସମ୍ପତ୍ତି, ବୁନିଆଦିର
ମିଛ ଚାନ୍ଦୁଆ ତଳେ
ଦରମଲା ପରି ପଡ଼ିଚି
ଆମ ଆତ୍ମପରିଚୟର
ଭାଗବତ ଗାଦି ।

ଆକାଶରେ ମେଘ ନାହିଁ
ବିଷର୍ଣ୍ଣ ବର୍ଷାକାଳ
ଖରାରେ ସିଝୁଚି !

■■

ଯେବେ ଦେହ ନଥିଲା

ଯେବେ ଦେହ ନଥିଲା,
ଶୈବାଳ ଥିଲା ।

ଯେବେ ଶୃଙ୍ଗାର ନଥିଲା,
ଶୂନ୍ୟତା ଥିଲା ।

ଯେବେ ଦେହ ଜନ୍ମିଲା,
ଜନ୍ମିଲା ଅମାପ କ୍ଷୁଧା ।

ସେଦିନଠାରୁ ଅୟୁତ ବର୍ଷ ଧରି ଚାଲିଚି
ଭୋକର ଯାତ୍ରା ।

ସୂର୍ଯ୍ୟ ଘୋରି ହେଇହେଇ
ଧୀରେଧୀରେ ଛୋଟ ହଉଚି !
ତଥାପି ମେଣ୍ଟୁନି ଅଭାବ
ପୂରୁନି ବି ଭୋକର
ଅଜଗର ପେଟ !

ବେଳେବେଳେ କାନ୍ଦିବାକୁ
ମନର କପୋତୀ
ନିରୋଳା ସମୟ ଖୋଜେ,
ହେଲେ ଜାଗା ପାଏନି !

ଭଅଁରର ଗୁଂଜନ ଖୋଜେ
ସ୍ୱପ୍ନ ବୁଣିବାକୁ
ଆସନ୍ନ ଫଗୁଣର ଆଖିରେ,
ହେଲେ ବୁଣିପାରେନି।

ବଂଶୀର ରଂଧ୍ରକୁ ଚୁମିଚୁମି
ଥକିଯାଏ ବୟସର ଓଠ
ତଥାପି ସ୍ୱର ଶୁଭେନି !

ସଂସାରରେ ଯେତେସବୁ ସହଜ ସୁଖର
ରାସ୍ତା ଥିଲା ପରି ଲାଗୁଚି
ସବୁଯାକ ଦେହ ବାହାରେ ଅଛି,
ଭିତରେ କିନ୍ତୁ ଅଗମ୍ୟ ଅରଣ୍ୟ !

ଯେମିତି ଯମୁନା ନଈ
ବାହାରକୁ ସୁନ୍ଦର
ଢଳଢଳ ନୀଳ,
ଅଥଚ ଭିତରେ
ପ୍ରଖର କାମନାର
ହୁତୁହୁତୁ ଅନଳ !

ତଥାପି ଛୋଟିଆ ଦୀପାଳିର
ଦିକିଦିକି ଆଲୁଅ ଦେଖି
ଡରି ପଳାଇଲା ପରି

ତାଆଣିଆ ସଂଜ
ବେଳେବେଳେ
କୁଆଡ଼େ ଉଭେଇଯାଏ
ସବୁଯାକ ଭୋକ
ଦେହ ଅଗଣାରେ
ଫୁଲ ପରି ବିଛାଡ଼ିପଡ଼ନ୍ତି
କୋଟିଏ ନକ୍ଷତ୍ର !

ସେତେବେଳେ ଦେହ ଚାହେଁ
ସବୁ ପ୍ରତିରୋଧକୁ ଫାଙ୍କିଦେଇ
ତିଆରିବାକୁ ଗୋଟେ ଅଲଗା ସଂସାର !
ଯେମିତି ସରିସରି ଆସୁଥିବା
ସୂର୍ଯ୍ୟଚନ୍ଦ୍ରଠୁ ସେ ଦିଶିବ
ଆହୁରି ଉଜ୍ଜ୍ୱଳ !!

କଳଙ୍କ

କେତେବେଳୁ
ପଡ଼ିସାରିଲାଣି ରାତିର ଟାଟିକବାଟ,
କୋଉଠି
ବସିବାଲାଗି ବି ନାହିଁ
ଗୋଟେ ନିରାପଦ ଠା'।

ଆକାଶରୁ ଖସୁଥିବା ଲୁହବୁନ୍ଦାସବୁ
ଖୋଜୁଛଂତି ଗୋଟେ ଲଂବା ପଣତ
ଓହ୍ଲେଇଦେବାକୁ
ନିଜର ଥକିଲା ଦେହର ବୋଝ !

ଜହ୍ନ ବି କେତେବେଳୁ
ମାରିଚି ଫେରାର୍ !

ଏତେବେଳେ
ପାପ ଲୁଚେଇବା ଭାରି ସହଜ !
ନିଶାଖୋର୍ ପବନର
ହଲିବା, ଟହଲିବା

ଥାନ ଅଥାନରେ ହାତ ବୁଲେଇବା
ଭାରି ସୁବିଧାଜନକ !

ପିଲାଦିନେ
ଯୋଉ କଳା ଟିକକ
ବଳିପଡ଼ିଥିଲା ବୋଉର କଳାପାତିରେ
ଏବେ ସେ ମୋର
ଭାଗ୍ୟ ଆଖିରେ ଟୋପେ କଳଙ୍କ !

ବାପାଙ୍କ କାନ୍ଧ-ଗାମୁଛାର
ଫିକା ରଂଗ
ପାଲଟିଛି
ମୋ' ଯୌବନର
ମଉଳା ହସ।

ଏଇନା ରାତି :
ଖଣ୍ଡେ ରିଲିଫ୍ କମ୍ବଳ
ଆଉ ଦିନ :
ଟଙ୍କିକିଆ ଚାଉଳ !

ମହୁମାଛିମାନେ ଛାଡ଼ି ଚାଲିଯାଇଥିବା
ଗୋଟେ ଶୁଖିଲା ମହୁଫେଣା ପରି
ଦିଶୁଚି ମୋ' ଦେଶ।

ପାହାଂତି କାକରରେ
ଭିଜୁନଥିବା କ୍ଷେତ ପରି
ମୋ' ଛାତିରେ ବାଘ ପରି ଘୁମୁରୁଚି
ଗୋଟେ ବୁଢ଼ା ସମୟ !!

ନିଷାଦର ଫାଶ

ବୁଢ଼ା ବଗର ଦୋଷ କ'ଣ ?

ଦୋଷ ଏୟା ନା
କେଉଟମାନେ ପୋଖରୀ ଗୋଳେଇବେ,
ଶୁଣିଲାପରେ
ବିବ୍ରତ ମାଛମାନଙ୍କୁ
ସେ ଦେଖେଇଥିଲା :
ଆଉଗୋଟେ କାଚକେନ୍ଦୁ ସରସୀର ସ୍ୱପ୍ନ ?

ଭୋକିଲାର ଆଖି
ସବୁବେଳେ ଗୋଟେ ଭିକ୍ଷାପାତ୍ର ନୁହେଁ,
ଅନ୍ୟର ଦୟା, ଦାନକୁ ଚାହିଁଥିବ
ଆକୁଳ ଆଖିରେ,
କେତେବେଳେ
ସେ ପାଲଟିଯାଏ ନିଷାଦର ନିଷ୍ଠୁର ଫାଶ
ସେ ନିଜେ ବି ଜାଣିନଥାଏ !

ଆଜିର ସମୟ
ଆଜି ହୋଇ ରହେନା,

କାଲିକୁ ବଦଳିଯାଏ
ତା'ର ଭେକ, ଭୋକ
ସିଦ୍ଧାନ୍ତ ଓ ଗତିପଥ।
ଆଜି ଚଢ଼େଇବସାର
ଚିଁଚାଁ କୋଳାହଳ
କାଲିକୁ ଛାଡ଼ିଯାଇଥାଏ
ଅସମ୍ଭବ ନିର୍ଜନତା...
ଶୂନ୍ୟ ଖୋଳପା ଓ ଛିଣ୍ଡା ପର।

ଯୋଉ ଆଶା ନେଇ
ବଗର ଲମ୍ବା ଥଣ୍ଟର ଆହୁଲା
ଓ ମୁକ୍ତ ଡେଣାର ନୌକାରେ ବସି
ମାଛମାନେ ଅନ୍ତରୀକ୍ଷର ସମୁଦ୍ର ପହଁରିଲେ
ସେମାନଙ୍କର ସିଆଣାପଣ ହିଁ
ସେମାନଙ୍କୁ ହତ୍ୟା କଲା
ଆଉ ପାହାଡ଼ର ଚଟାଣ ଉପରେ
ଯୋଉ ମାଛକଣ୍ଟାସବୁ ପଡ଼ିଥିଲେ
ସେସବୁ ଥିଲା ନିୟତିର ଉପହାସ !

ଯଦି କଙ୍କଡ଼ାର
ବୁଢ଼ାଗୋଡ଼ ଦି'ଟା ନଥା'ନ୍ତା
ସିଏ କୋଉ ମୁକୁଳିପାରିଥାନ୍ତା
ମୃତ୍ୟୁର ପନ୍ଝାରୁ ?
ତା' ନିଶ୍ଚଳ ଦେହର
ଶୃଙ୍ଖଳା ଖୋଳପା ବି
ପଡ଼ିଥାନ୍ତା ସେଇଠି
ଯୋଉଠି ବିରାଡ଼ି ପରି
ମରଣ ଝୁଣି ଖାଉଥିଲା ମାଛମାନଙ୍କୁ।

ବୁଢ଼ାବଗ ମରିବା ଆଗରୁ
ଠିକ୍ କହିଥିଲା : ଯେତେବେଳେ
ସର୍ବଗିଳା ଭୋକ
ଥରେଇଦିଏ ଛାତିର କଳିଜା
ନାକପୁଡ଼ାର ପବନ ଟିକକ
ପବନରେ ଥରୁଥିବା
ଦୀପଶିଖାଟି ପରି
ଜିଉଁଥାଏ ଅଳ୍ପ,
ମରୁଥାଏ ବେଶି ।

ସେତେବେଳେ
ଧର୍ମ-ଅଧର୍ମର ତରାଜୁରେ
ଆଦର୍ଶକୁ ତଉଲିବାବେଳକୁ
ଫୁଟିଯାଇଥାଏ
ବିବେକର ଆଖି !

■■

ପୁରୀ

ଗୀତ ଗଇଁଠା ଖାଇବ ତ
ଆମ ଗାଆଁକୁ ଆସ।

ଆମ ଗାଆଁରେ
ଗୀତରେ ଗୀତରେ ଗଢ଼ା ହୁଏ
ଜାତିଜାତି ପିଠା।
ଫଗୁଣର ଫୁଲହାଟରୁ ଆଣି
କୋଇଲିର ମିଠା କୁହୁ,
ମାଆ କଣ୍ଠର ସୁଆଦିଆ ଲୋରିରେ
ତିଆରି ହୁଏ
ମହୁମିଠା ଗୀତ ଗଇଁଠା !

ଗୀତରେ ଗୀତରେ
ପୁଣି ଗଢ଼ା ହୁଏ କୁଆଁରୀ ଜହ୍ନ।
ଆଉ କୁନିକୁନି ଚଢ଼େଇଙ୍କ ବସା।
ପାଦର ପାଉଁଜିଠାରୁ
ମୁଣ୍ଡର ମଥାମଣି ଯାଏ
ଆମ ଗାଆଁ ଲାଗେ
ଯେମିତି ଗୋଟେ ଜୀବନ୍ତ କବିତା !

ଆମ ଗାଆଁ : ଗୋଟେ ଗୀତଗାଆଁ
ତା' ଛାତିରେ ଥରେ ଶୋଇପଡ଼ିଲେ
ବୁଝିହୁଏ, ଗୋଟେଗୋଟେ ଗୀତ
କେମିତି ଅର୍କ୍ଷିତକୁ କରିଦିଏ 'ଅତିବଡ଼ୀ'
ଅଛବ ଯବନକୁ 'ଭକ୍ତକବି' !

ସେଇ ଗେହ୍ଲାଗୀତର ବୋଲ ମାନି
ଖୋଲିଯାଏ ବନ୍ଦୀଶାଳ
ଲୁହାର ଜଂଜିର ହୁଏ
ପ୍ରେମଭିଜା ପଦୁଅଁର ମାଳ !

ମୋ' କଥା ପରତେ ହଉନି ନା' ?
ତେବେ ଆସ,
ନିଜ ଆଖିରେ ଦେଖିବ
ଆମ ଗାଆଁରେ
କେମିତି କୁଳୁକୁଳୁ ବହିଯାଏ
ଅପାସୋରା ଗୀତନଦୀ
ଯୋଗୀର କେନ୍ଦରାଠୁ
ଆହୁରି ସୁନ୍ଦର ଗାଏ
ରାତିର ଝିଂକାରି !

ଆଜିଯାଏ
ଆମ ଗାଆଁକୁ ଆସିଲେଣି ଯେତେ ଅତିଥି
କାହା ଭିତରେ
ଏତେ ଟିକେ ବି ଜାଗା ନାହିଁ
ବର୍ଷାର ରାଗିଣୀ ପାଇଁ,
ସେଥିପାଇଁ
ଆମ ଗାଆଁ ସବୁଦିନ ଟାକିରହେ
ନୂଆନୂଆ ଅତିଥିଙ୍କୁ
କାଳେ କୋଉ ଗୀତବାଉଳା
ବିଭୋର ପ୍ରେମିକଟେ ପହଞ୍ଚିବ ଆସି
ଓ ଗୋଟାପଣେ ଦେଇଦେବ ତାକୁ
ଛାତିତଳେ
ଯତନେ ସାଇତିଥିବା
ମନର ବଇଁଶୀ !

ପବନ ଖୋଜା

ଗହଳି ଭିତରେ ଗଳିଗଳି
ଖୋଲା ପବନର
ଠିକଣା ଖୋଜୁଥିବା
ଛାତିକୁ ପଚାରନାହିଁ,
ସେ କାହାଠାରୁ ପାଇଚି କ'ଣ ?
ଚିହିଁକି ଉଠିବ
ହଳଦୀ କିଆରୀର ବଳି-ରକ୍ତ !
କାନି ପଣତର
ଧଡ଼ିରେ ଲାଗିଥିବା
ଶୁଖିଲା ଲୁହମାନଙ୍କୁ ପଚାରନାହିଁ
ଜୀବନଠାରୁ ପାଇଲ କ'ଣ ?

ପଚାରିଦେଲେ
ନିଅଣ୍ଟ ପଡ଼ିବ ନଈର ଦୁଇକୂଳ !

କୋଉ ମନ-ମଉଜି ମିଛେଇ ନଈ
କୋଉ ଖିଆଲି ଚାହାଣିର
ତାଳଗଛ ଛାଇ
ଗୋଟେ ଝାଲୁଆ ମୁହଁର କ୍ଳାନ୍ତି
ପୋଛିଦେବାକୁ କେବେ
ବଢ଼େଇଚି କି ସ୍ନେହର ପାପୁଲି ?
କୋଉ ଦିଗବାଉଳା ସୂରୁଯ ରଙ୍ଗ
ଅଧା ଅନ୍ଧାର, ଅଧା ଆଲୁଅର ସୁଖଦୁଃଖ

କୋଉ ଝାଉଁବଣର ପ୍ରସ୍ତାବିତ ହସ
କେବେ କ'ଣ ଓଳେଇଦେଇପାରିଚି
କାହା ଛାତିତଳୁ ଅଙ୍ଗାର ?

ଛାତିକୁ ପଚାରନାହିଁ
କଳିଜାରେ କତୁରୀ ଚଳେଇଲେ
ଲାଗେ କେତେ କଷ୍ଟ !

ଆଜି ବି ସେ ହତଭାଗ୍ୟ ଛାତିର
ସରିନାହିଁ ପବନଖୋଜା ।
ଯଦିଓ ଆଜି ବି ଚାଲିଚି
ଅଦିନିଆ ପତ୍ରଝଡ଼ା,
ପାଣିରେ ପହଁରୁ ପହଁରୁ
ଚାଲାଖି ଆଲିଙ୍ଗନରେ
ଛାତିର ହୁଏ ହତ୍ୟା !

ଛଟପଟ ଚଢ଼େଇର ଚିତ୍କାର
ଶୁଣିପାରେନି କାହାର କାନ
କାଳେକାଳେ ଛାତିର କାନ୍ଦକୁ
ଅଣଦେଖା କରିଆସିଚି
ମଗଜର ଅହଂକାର !

ତଥାପି ନୁଖୁରା କଳିଜା ଦେହରେ
ଫୁଟେଇବାକୁ ନୂଆ କଢ଼
ମରୁଭୂମିର ମଇଳା କାନିରେ
ଅଜାଡ଼ିଦେବାକୁ
ଜାମୁକୋଳିଆ ମେଘ
ଏବେ ବି
ଛାତିଟିଏ ଦିଗନ୍ତମୁହାଁ
ଯେମିତି ଗୋଟେ
ଜିଦ୍‌ଖୋର ଅଶ୍ୱ !

ନୂଆ ସଂପର୍କ

ବେଳେବେଳେ
ସେ ସ୍ୱର ମୋ' କାନରେ ପଡ଼େ
ଯେଉଁ ସ୍ୱରରେ ନଥାଏ
ଜିତିବାର ଆସ୍ପର୍ଦ୍ଧା
କି ହାରିଯିବାର ବିକଳ ଅବସୋସ ।

ନଥାଏ ବି
ଈର୍ଷାକାତର ଥଟ୍ଟାମଜା
କି ବଂଚିତ ପ୍ରାଣର
ବ୍ୟଥାଜର୍ଜର ଦୁଃଖ ।

ବେଳେବେଳେ
ସେ ସ୍ୱର ମୋ' କାନରେ ପଡ଼େ !

ତା'ପରଠୁ
ସଂସାରର ସବୁ ବସ୍ତୁ, ଉପାଦାନ
ସବୁ ଆତଯାତ ଜୀବନ
ଜ୍ଞାତ, ଅଜ୍ଞାତ ସବୁ ଜୀବ
ସବୁ ଆଗନ୍ତୁକ
ସବୁରି ସହିତ ଯୋଡ଼ିହୋଇଯାଏ
ମୋର ଗୋଟେ ନୂଆ ସଂପର୍କ !

ମୋ' ଦେହ ଭିତରେ
ନଈଟେ ବହୁଥାଏ

ଯେତେବେଳେ
ସେ ସ୍ୱର ଥମିଯାଏ
କାନ ଡେରିଲେ ବି ଶୁଭେନା
ବ୍ୟସ୍ତ ହେଇପଡ଼େ ମୁଁ
ଝଡ଼ ଉଠେ ମୋ' ଭିତରେ।

କାହିଁକି ସେ ସ୍ୱର
ବେଳେବେଳେ ଶୁଭେ
ପୁଣି ଥମିଯାଏ ?
କାହିଁକି ମୋତେ ଡରାଏ
ତା'ର ଦୀର୍ଘ ନୀରବତା
କୋଉ ଆଶଙ୍କାରେ ?

ଆଜି ସକାଳୁ ସକାଳୁ
ଅଗଣାରେ କାଉମାନଙ୍କର କା'କା'
ନିଦରୁ ଉଠିଲା ପରଠୁ
ମୁଁ ଖୋଜୁଚି...
ମୋର ସାରାଘର
ସେର, ଗଉଣି, ଘୁମ
ଠେକି, ବେକା
ହେଲେ କୋଉଠି ପାଉନି
କାଉଙ୍କ ପାଇଁ ଚାଉଳ ଦି'ମୁଠା।

ତଥାପି
ଖୁସିରେ ଉଡୁଛନ୍ତି କାଉମାନେ
ଯେମିତି
ମରିଯାଇଛି ତାଙ୍କ ପେଟର ଭୋକ !

ମୋ' ଦେହମନସାରା
ନାଚିଯାଉଚି ସୁନେଲି ଖରା।

ଜହ୍ନରାତି

ଜହ୍ନରାତି :
ଗୋଟେ ଧଳା ଗାଈର ଚମଡ଼ା ।
ଜହ୍ନରାତି :
ତୁଠରେ ଏକପାଖିଆ ପଡ଼ିଥିବା
ଗୋଟେ ବିଧବାର ଅଛୁଆଁ ଲୁଗା !

ଅଧାଜଳା ସଂଜବତିର
ଧୂଆଁଧୂଆଁ ପ୍ରାର୍ଥନା !

ଜହ୍ନରାତି !
ଛାତିର ଶୋଷ ମାରିବାର ଗୀତ ନୁହଁ;
ନୁହଁ ବି
ବଂଶୀର ପେଟ ଭିତରେ
ଛପିଥିବା ପୁଳେ ମିଠା ପବନ ।
ନୁହଁ ବି
ନଈପଠାକୁ ଆବୋରିଥିବା
ଶରତର କାଶତଣ୍ଡୀ ବଣ !

ଜହ୍ନରାତି
ଫାଶୀ ପାଇଥିବା ଗୋଟେ ନିସ୍ତେଜ ମୁହଁ
ଭୂଇଁରେ ବିଛେଇହେଇ ପଡ଼ିଥିବା
ଚାଙ୍ଗୁଡ଼ିଏ ମଲ୍ଲୀଫୁଲର ଅଧୁରା ସ୍ୱପ୍ନ
ଗଦାଏ ପରିତ୍ୟକ୍ତ ପାପୁଲି ଓ ହାଡ଼
ଧପ୍‌ପାବାଜ୍ ତାନ୍ତ୍ରିକ ଦେଇଥିବା ବଳିର।

ପରିତ୍ୟକ୍ତ କଣ୍ଡୋମ୍‌ଠାରୁ
ବେଶି ଉଜ୍ଜ୍ୱଳ ନୁହେଁ ଜହ୍ନରାତି
ସର୍ପ ଫେଣ ପରିକା
ନିହାତି କ୍ଷଣିକ।

ଜହ୍ନରାତି
ମାୟା ନୁହେଁ କି
ନୁହଁ ବି କୁହୁକ।

ଅଳିଆଗଦାରେ ପଡ଼ିଥିବା
ଗୋଟେ ଗର୍ଭବତୀ ନାବାଳିକାର
ଲୁଚାଣିଆ ପାପ !

ଅହିସୁଲକ୍ଷଣୀ

ଗଛ ତ ଚିରକାଳ ଅହିସୁଲକ୍ଷଣୀ
ଅନୁରାଗରେ ଓଦାଓଦା
ନୂଆ ନଡ଼ାର ନିବିଡ଼ ଛାଉଣି ।

ଯେତେବେଳେ
କୁରାଢ଼ୀଚୋଟରେ
ଫାଳଫାଳ ହେଉଥାଏ ତା'ର କଳିଜା
ସେ ଗୀତ ଗାଉଥାଏ ।

ସ୍ୱପ୍ନ ଆକାଶରୁ
ଯେତେଯେତେ ହଜିଯାଆନ୍ତି
ମୁଠାମୁଠା ତାରକା,
କୋଉଠୁ ଉଇଁଆସନ୍ତି ପୁଣି ନୂଆ ତାରା
ତନୁରେ ଧରି ଅସରନ୍ତି ରୋଶଣି,
କାଳକାଳକୁ କେବେହେଲେ
ଲିଭିଯାଏନା ଖରା ।

ଗଛ କ'ଣ ସତରେ ହଣା ଖାଆନ୍ତା ?
ଯଦି ବେଣ୍ଟ ସାଜି

କୁରାଢ଼ୀର ବୋଲକରା ନହୁଅନ୍ତା
ତା'ର ପୁଅ କି ନାତିଟୋକା !

କାଲି ଯୋଉଠି ଥିଲା ପଞ୍ଚବଟୀ
ଦେଖ, ଆଜି ସେଠି ଜଳୁଚି ଇଟାଭାଟି।

କାଲି ଯୋଉଠି ଥିଲା ତମସା ନଦୀ
ଆଜି ସେଠି ମୃଗତୃଷ୍ଣା ନାଚୁଚି !

ଅଗଣିତ ଗଛର କାନ୍ଦ
ଅସୁମାରି ପଶୁପକ୍ଷୀଙ୍କ ଆକୁଳ ହାହାକାର
ଝୁଲୁଛନ୍ତି ବାଦୁଡ଼ି ପରି ଶୂନ୍ୟରେ !

ବୃକ୍ଷର ଶବକୁ
କାନ୍ଧରେ ବୋହିନେଲାବେଳେ
ମୃତ୍ୟୁ ବି ଦଣ୍ଡେ ଛିଡ଼ା ହୁଏ
ଓ ପରିପୂର୍ଣ୍ଣ ଖୁସିରେ
ଟିକେ ହସିଦିଏ -
ଯେତେବେଳେ
କଟା ଗଛର ମୂଳରେ ଦେଖେ...
ମୁନୋଉଚି ନୂଆ କେନା
ଓ ତା' ଉପରେ ବସିଚି
ଗୋଟେ ଶାଗୁଆ କଙ୍କି।

ମୃତ୍ୟୁ ଜାଣେ
ଗଛ କେବେ ବିଧବା ହୁଏନା।

■■

ଯୁଦ୍ଧ : ନବକଳେବର

ସବୁ ସଞ୍ଜରେ
ଯେତେବେଳେ ମନ୍ଦିରରେ ଶଙ୍ଖ ବାଜେ...
ଆଳତି ହୁଏ...
ସଞ୍ଜ ମୋତେ କହେ -
ଯୁଦ୍ଧ କଥା ।

ହଠାତ୍ ଆଞ୍ଜୁଳାଏ ଲାଲ ରକ୍ତ
ବନ୍ୟ ନିଆଁ ପରି
ଚହଲିଉଠେ ସଞ୍ଜ ଆଖିରେ ।

ନଷ୍ଟ ଉପତ୍ୟକା ପରି ଦିଶୁଥିବା
ଖଣ୍ଡେ ଅନ୍ଧାର
ଗୁରୁଣ୍ଡିଗୁରୁଣ୍ଡି ଚାଲିବା ଆରମ୍ଭ କରେ
ଖରାର ତତଲା ଚର୍ମ ଉପରେ
ଏବଂ ହାତ ବୁଲେଇ ଖୋଜେ
ତୀକ୍ଷ୍ଣ ନକ୍ଷତ୍ରର ଅସ୍ତ୍ରଶସ୍ତ୍ର ।

ଖୁବ୍ ଛୋଟ ମୋର ଠାକୁରଘର
ଯେମିତି ମୁଁ ନିରିମାଖି
ସେମିତି ମୋର ଦିଅଁବେଦୀ।

କିନ୍ତୁ ମୋର ଦାଣ୍ଡଗୋଠ
ଗୋଟେ ପ୍ରକାଣ୍ଡ କୁରୁକ୍ଷେତ୍ର,
ଯେଉଁଠି
ପିଣ୍ଡେଇ ଡକା ଦିନ ଆସିଲେ
ରୁଣ୍ଡ ହୁଅନ୍ତି ମୋର
ପୂର୍ବପୁରୁଷଙ୍କ ଆତ୍ମାମାନେ
ସୈନିକ ବେଶରେ।

ସେତେବେଳେ
ସାରା ସଂସାରର ଆଢୁଆଳରେ
ଚାଲିଥାଏ ମୋର
ଭିତିରି ବନଯୋଗ !

ଗୋଟେ ଥକିଲା ଦେହକୁ
ବଡ଼ବଡୁଆମାନେ ପୋତିଦିଅନ୍ତି
ପବିତ୍ର ଉଆଁସରେ ଗଡ଼ା
କୋଇଲିବୈକୁଣ୍ଠରେ
ଏବଂ ବଜ୍ରବିଜୁଳିକୁ ଏକାକାର କରି
ଗଢ଼ିଦିଅନ୍ତି ମୋର
ଆଉ ଏକ ନୂଆ ଦେହ !

■■

ଦିଆସିଲି ଖୋଳ

ଏବେ ମୋ’ ତୂଣୀର ଶୂନ୍ୟ !

ତୀକ୍ଷ୍ଣ ତୀରମାନେ
ଲକ୍ଷ୍ୟ ସନ୍ଧାନରେ
ଗୋଟିକ ପରେ ଗୋଟିଏ
ନିକ୍ଷେପିତ ହେଲାପରେ
ମୁଁ ଦାୟମୁକ୍ତ ।

ଏଥର ତୁମେ ମୋତେ
ରାସ୍ତାକୁ ଫିଙ୍ଗିଦେଇପାର ।

ଭୋକିଲା ଉଇମାନେ
ଝୁଣି ଖାଇପାରଂତି
ମୋର ଦେହ ।
ଝଡ଼ ପବନ
ମୋ’ କାନ ଧରି
ଉଠ୍‌ବସ୍ କରିପାରେ ।

ବର୍ଷାପାଣିରେ ତିନ୍ତିବୁଡ଼ି
ଖିନ୍‌ଭିନ୍ ହେଇପାରେ
ମୋର ଅବଶିଷ୍ଟ ପରିଚୟ !

ତଥାପି
ମୋ' ମନରେ ନାହିଁ
ଦୁଃଖ ବା ଅବସୋସ।
ଏତେବଡ଼ ଯୁଦ୍ଧ ପାଇଁ
ଯାହା ଯେତିକି ଥିଲା ମୋର ଯୋଗଦାନ
ମୁଁ ଜାଣେ, ତାହା ଯଥେଷ୍ଟ ନୁହେଁ।

ଏବେ ମୋର ଫମ୍ପା ଦେହକୁ ନେଇ
ଯଦି କୁନିକୁନି ପିଲାଏ
ଚାହିଁବେ ଖେଳିବାକୁ
ମୁଁ ହସିହସି ଟେକିଦେବି ନିଜକୁ
ସେମାନଙ୍କ ହାତପାପୁଲିରେ।

ସେମାନେ ଚାହିଁଲେ
ମୋ' ଭିତରେ ରଖିପାରିବେ
ପୁରୁଣା ଡାକଟିକେଟ୍
ଖୁଚୁରା ପଇସା
କି କାର୍ଟୁନ୍ ଚିତ୍ର।

ମୋ' ପିଲାମାନେ ଢେର୍ ଜାଳିଲେ
ଦୁନିଆର ଆବର୍ଜନା।
ଅସୁମାରି କୁଡ଼ିଆରେ
ବତି ଜାଳି
ସାରାରାତି ଆଲୁଅ ବାଂଟିଲେ।

ତଥାପି ଅଂଧାର ହଟିନି
କି ସଫା ହେଇନି ପୃଥିବୀ ବକ୍ଷ।

ରାତି ମାଡ଼ିଆସିଲାବେଳକୁ
ବିଚରା ସୂର୍ଯ୍ୟ ତ କ୍ଳାଂତ ଓ ନିସ୍ତେଜ
ପୋଡ଼ାପେଟର
ଘଡ଼ିଘଡ଼ି ହୁକୁମ୍ ବେଳକୁ
ଚୁଲି ଭିତରଟା ଶୀତଳ !

ଆଉ ମୁଁ ତ ଗୋଟେ
ମାମୁଲି ଦିଆସିଲି ଖୋଳ !
ଯାହା ନହେଇପାରିଲା
ମତେ କାଇଁକି ପଚାରୁଚ ?

■■

ମେଲଣ

ପାଳଭୂତ ଯାହା ଦେଖିପାରେ
ତାହା ଆଉ କାହାକୁ ଦିଶେନି।
ତେଣୁ ତାକୁ ଜଗେଇଦିଅଂତି
ଫସଲ କ୍ଷେତ
ଆଉ ନିଶ୍ଚିନ୍ତରେ ଫେରିଆସନ୍ତି
ନିଜନିଜ ଘରକୁ।

ପାଳଭୂତ ଜାଣେ,
ଆମେସବୁ କେଡ଼େ ଭୟାଳୁ !

ଯେତେବେଳେ
ଗୋଧୂଳି ଆଲୁଅ ବେଙ୍ଗ ପରି
ଡେଇଁଡେଇଁ
ପଶିଯାଏ ପଥର ସନ୍ଧିରେ
ଆଉ ଅନ୍ଧାର
ଗୋଟେ କଳାନାଗ ପରି
ବାହାରିଆସେ ପାହାଡ଼ ଗୁମ୍ଫାରୁ
ଆହାର କରିବାକୁ
ମୁମୂର୍ଷୁ ଦିନର ଅବଶିଷ୍ଟ ଆୟୁଷ,
ସେତେବେଳେ

ପାଳଭୂତକୁ ମଳିନ ସଂଜ ବି
ଦିନ ପରି ଦିଶେ।

ଜୀବନର ଜୁଆର ମାଡ଼ିମାଡ଼ି
ଚରିଯାଏ ଶୂନ୍ୟ ଛାତିର ପଠା
ଏବଂ ଫେରିଯାଏ
ଛଳନାର କୂଳ ଛୁଇଁ।

ଗୋଟେ ଅଜଣା ଗନ୍ଧ ଖେଳୁଥାଏ
ବିମର୍ଷ ଋତୁର ହାଇଁପାଇଁ ଶୋଷରେ।
ସେତେବେଳେ
ଶବମାନଙ୍କ ସଂଖ୍ୟା
ଯେତେ ଅଧିକ ଦେଖାଯାଏ ଆଖିକୁ
ତା'ଠାରୁ କମ୍ ଲାଗୁଥାଏ ଜୀବନ !

ତଥାପି
ଯେକୌଣସି ଉଡ଼ନ୍ତା ପତ୍ରକୁ ପଚାର
ସେ କହିବ,
ଜୀବନର ଶାଗୁଆ ଘରଟେ
ନଥାଉ ପଛେ;
ସରିନଯାଉ ଝରାଫୁଲର ବାସ୍ନା।
ଘାସମାନଙ୍କ ମେଳଣ
କେବେ ଅମିନଯାଉ ମାଟିରୁ
ଆଉ, କୋଉଠି ନା କୋଉଠି
ପାଳଭୂତର ପ୍ରେମିକ ହୃଦୟ
ଛପିରହିଥାଉ
ଛଣ ଛାଉଣିରେ।

ନୂଆ କଢ଼

ଭୋର୍ ଚଢ଼େଇର
ଚିକ୍‌ମିକ୍ ଉଜ୍ଜ୍ୱଳ ଆଖିର
ମୋତି ପରିକା ଦିଶୁଚୁ ତୁ !

ତୋର ଦରଖୋଲା ଓଠରେ
ମୁଁ ବେଶ୍ ପଢ଼ିପାରୁଚି
ଗୋଟେ ପରିପୂର୍ଣ୍ଣ ପ୍ରେମର
ଜନ୍ମବୃତ୍ତାନ୍ତ !

ଅବଶ୍ୟ ଏବେ ତୁ
ପୂରା ମୁକୁଳିନୁ ଡେମ୍ଫରୁ,
ତୋ' ଯୌବନର ପୂର୍ଣ୍ଣିମା ଆସିବାକୁ
ଆହୁରି ଡେରି ଅଛି,
ଅନ୍ତୁଡ଼ିଶାଳର ପବନ ପରିକା ବାସୁଚି
ତୋର କଷି ବୟସ ।

ତୋର ଛାତି ଭିତରେ
କୋଉ ମିଠା ମହକ

ବଉଳୁଚି କେଜାଣି ?
ଖାଲି ଯାହା ବାହାରୁ
ଟିକେଟିକେ ଦିଶୁଚି
ତୋ' ଅଖୋଲା ପାଖୁଡ଼ାର
ଲୋହିତ ରଂଗ !

ତେଣେ ସଜନା ଡାଳରେ ବସି
ରାଉରାଉ ହଉଥିବା
ଡାମରାକାଉଟା
ବାରଂବାର ନିନ୍ଦୁଚି
ନିଜର ଅପରିଛନିଆ ରୂପକୁ ।

ତୋ' ମନମତାଣିଆ ଲାଲ ରଂଗରେ
ଟିକେ ରଂଗେଇହେବାକୁ
ତୋତେ ଲୁଚେଇ ଲୁଚେଇ
ନେହୁରା ହଉଚି !

ବଗିଚା ବାଡ଼ରେ ବସିଥିବା
ମାଟିଆ ଏଣ୍ଡୁଅଟା
ତୋ' ରୂପକୁ ଦେଖି
ହଠାତ୍ ରସିକ ବନିଯାଉଚି !

ତୋର କଂଚା ବୟସର
ରୂପ-ଚିଲିକାରେ
ଖୁସିରେ ଟିକେ ପହଁରିବାକୁ
ତା'ର ଭାରି ଲୋଭ !

ହେଲେ ମୁଁ ଜାଣେ
କୋଷ ଭିତରେ ଛପିଥିବା

ତୀକ୍ଷ୍ଣ ଛୁରିକା ପରି
ତୋ ଦେହର ଶିହରଣ !

ବିନା ଆଘାତରେ
ତୁ ଝରେଇପାରୁ
କେତେ ପ୍ରେମିକଙ୍କ ଛାତିରୁ
ତତଲା ରକ୍ତ !

ତୁ ଜମାରୁ ସାମାନ୍ୟ କଢ଼ିଟିଏ ନୁହଁ,
ଫଗୁଣ ଓଠର ତୁ
ଛୋଟିଆ ହସଟେ ସିନା,
ହେଲେ ସେ ହସ ଭିତରେ
ମୁଁ ଦେଖିପାରେ
ମହୁବୁନ୍ଦା
ଆଉ ମହୁଚୋରଙ୍କ ପାଇଁ
ତୀକ୍ଷ୍ଣ କଂଟା !

■■

ଭଙ୍ଗା ବାକ୍ସ

ଭଙ୍ଗା ବାକ୍ସର ଖୁସି
ଦେଖିବ ତ ଆସ
ବୁଲିଆସିବା ନଈକୂଳ ପଡ଼ିଆ ଆଡ଼େ।

ଅପରାହ୍ଣର ଖରା
ତଥାପି ଉଜ୍ଜ୍ୱଳ ଅଛି।

ଯାହାସବୁ ହଜିଗଲା
ସେସବୁ ଥିଲା ଗୋଟେଗୋଟେ
ବାସ୍ନାୟିତ ତୋଫା ସକାଳ।

ଅନେକ ମହକ ବାଣ୍ଟିବା ପରେ
ଫୁଲ ମଉଳିବା ତ ମାମୁଲି କଥା।
କିନ୍ତୁ ମହକ କ'ଣ
ସତରେ ହଜେ ?

ବେଳେବେଳେ
ମୁଁ ଶୁଣେ ଓଜନିଆ ଛାତିମାନଙ୍କର

ବିଷାଦଭୁଲା ହସ
ଯେତେବେଳେ
ଫଟା ବଇଁଶୀ ଭିତରେ ଲହରୁଥାଏ
ଗୋଟେ ମଗ୍ନ ଖରାବେଳର ଧୁନ୍।

ମୁଁ ବୁଝିପାରେ
ସେମାନେ କାଇଁକି ଗାଇପାରନ୍ତି
ଏତେ ଭଲ ଗୀତ।

ଭଙ୍ଗା ବାକ୍ସର ଡର ନଥାଏ କାହାକୁ
ନା ଥାଏ ଚୋରଭୟ
ନା ଥାଏ ଛୁରୀମାଡ଼ରେ
ବେକ କଟିଯିବାର ଆଶଙ୍କା।

ତେଣିକି ରାତି
କେତେ ଅଂଧାର ହଉଚି ତ ହଉ
ରାସ୍ତାଘାଟରେ
ବୁଲିଲେ ବୁଲୁଥା’ନ୍ତୁ ପଛେ ମାତାଲ୍ ଜାନୁଆର୍।

ବୋମା, ବନ୍ଧୁକ
ଲାଠି, ଭୁଜାଲିମାନେ
ଛକିଥା’ନ୍ତୁ ବଜାର ବସ୍ତିରେ।

ଭଙ୍ଗା ବାକ୍ସ
ଗୀତରେ ଗୀତରେ
ପୁହାଇଦେଇପାରେ ରାତି
ତାରା ଗଣୁଗଣୁ ଅନ୍ଧାର ମୁହାଣରେ
ଦେଖିପାରେ ଜହ୍ନର ନିର୍ଜନ ସମାଧି।

ପୁରୁଣା ଦରବର ଖୁସି
ସହଜେ ମଉଳେ ନାଇଁ,
ହତାଦର କରି
କିଏ ଫିଙ୍ଗିଦେଲା ତ ଦଉ,
କେବେକେବେ
ତାରାମାନେ ଓହ୍ଲେଇ ଆସନ୍ତି
ତା' କଳଙ୍କିଲଗା ଖୋଲା ଛାତିକୁ
ପଢ଼ିବା ପାଇଁ
କୋଉକାଳରୁ ସାଇତା ପ୍ରେମଚିଠି।

ବସନ୍ତ ଚିତ୍ର

ଭାଙ୍ଗ ପଡ଼ିଆସୁଥିବା
ମୋର ବୟସ୍କ ଗାଲରେ
ଏବେ ବି ବାରିହୁଏ
ତା ଓଠଅଙ୍କା
ଶିହରଣର କାରୁକାର୍ଯ୍ୟ।

ଆମ୍ବତୋଟାକୁ ମୁଁ ପଚାରେ
ସେ ଏବେ କୋଉଠି ?
ତୋଟା କହେ -
ତୁମ ସ୍ୱପ୍ନଜମିରେ
ଯୋଉ ଜୁଆରିଆ ପାଣି ଦେଖୁଚ
ସେ ତା'ରି ଇଚ୍ଛାନଦୀର
ଉଜାଣି ଢେଉ।

ବେଳେବେଳେ
ତାରାମାନେ ମୋତେ ଲାଗନ୍ତି
ତା'ର ଗୋଟେଗୋଟେ
ଚୁମ୍ବନ ଦାଗ ପରି,

ମୋ' ଛାତିର ସିଲ୍‌ଭର୍ ଥାଳିରେ
ଆଜି ବି ଚମକୁଛି
ତା' ଉଷ୍ମ ନିଃଶ୍ୱାସର ତାରକସି ।

ସେମାନେ ନେଇଯାଆନ୍ତି
ମୋ' ଆବେଗର ଆଙ୍ଗୁଠି ଧରି
ଝାଉଁବଣ ଭିତରୁ
ପବନର ସୁସୁରି ସାଉଁଟି ଆଣିବାକୁ
ଯେଉଁଠି ବସନ୍ତର ଚିତ୍ର ଆଙ୍କୁଆଙ୍କୁ
କୁହୁ ପାଲଟିଯାଏ କୋଇଲି
ଉହୁ ପାଲଟିଯାଏ ମୋହନବଂଶୀ ।

ମୋର ଉତ୍ତୀର୍ଣ୍ଣ ଗୋଧୂଳିର
ନିଶୂନ୍ ନୀଡ଼ରେ
ହଠାତ୍ ଶୁଭିଯାଏ
ଚଢ଼େଇଙ୍କ କିଚିରିମିଚିରି ।
ଓଦା ଶାଢ଼ି ଦେହରେ ଗୁଡ଼େଇ
ସେ ଉଠିଆସେ
ସମୁଦ୍ର ଭିତରୁ ଓ କୂଳରେ ବସିପଡ଼େ
କେଶ ଖୋଲି ।

ସେତେବେଳେ
ଭାରି ଆପଣାର ଲାଗେ
କାକରରେ ମୁହଁ ପଖାଳୁଥିବା ସଞ୍ଜ
ଅସ୍ତାଚଳରେ ଲୁଚିଯାଉଯାଉ
ତା' ଆଡ଼କୁ ଉହୁଙ୍କିପଡ଼ି ଚାହିଁଦିଏ
ଦୁଷ୍ଟ ସୂର୍ଯ୍ୟ ।

ଯୋଉ ରୋଗ ଜଂଜାଳ

ମୋର ରକ୍ତମାଂସରେ
ବାନ୍ଧିଥିଲେ ଶିଥିଳତାର ମହାଫାଶ
ତାକୁ କାଟିଦିଏ
ତା'ର ଫେରନ୍ତା ପାଦଶବ୍ଦର
ଫୁଲଶର !

ଆଜି ବି ମୁଁ ଦର୍ପଣ ଆଗରେ ଛିଡ଼ା ହେଲେ
ତା' ମୁରୁକି ହସରେ
ଯୁଆନ୍ ଦିଶେ
ମୋର ବିତିଲା ବୟସର ପ୍ରତିବିମ୍ବ ।

ଗୋପଯାତ୍ରା

କେବେ ତ ଦୁଃଖ ମୋତେ କହିନି
ମୋ' କୋଳରେ ଝୁଲିଝୁଲି
ଦେଖିବ ବୋଲି ଜହ୍ନମାମୁ ?
ମୋର କ'ଣ ପଥରର କାନ
ନା ଇସ୍ପାତର ଛାତି ଯେ
ମୁଁ ତା' କଥା ଶୁଣିପାରିବିନି ?

ଯାହା ପାଇଁ ଏତେ ଯତ୍ନରେ ସଂଚିଲି
ମୋ' ଆୟୁଷର ସରଳବଣି
ଯାହା ସହ ମିଶିଲି ବୋଲି
ଖରାକୁ ଖରା, ଛାଇକୁ ଛାଇ ବୋଲି
ଚିହ୍ନିପାରିଲି ।
ଦେଖିପାରିଲି -
ଆଖି ଆରପଟର
ସେଇ ଚିରହରିତ୍ ନଈପଠା ।

ମୁଁ କେମିତି
ତଳେ ପକାଂତି ତା' କଥା ?

ଦିନେ ମୋ' ଛାତିର
ବୁନ୍ଦାବୁନ୍ଦା ରକ୍ତସ୍ୟାହିରେ ଆଙ୍କିଥିଲି
ଯେଉଁ ଭୋର୍ ଆକାଶ
ସେ ଆକାଶର ମହାଶୂନ୍ୟତାକୁ
ଏଇ ଦୁଃଖ ହିଁ
ପିନ୍ଧେଇଥିଲା ନୂଆବସ୍ତ୍ର
ଆଉ ମୋତେ ଶିଖେଇଥିଲା
ଜହରକୁ ଜୀର୍ଣ୍ଣ କରି କେମିତି ଆଙ୍କି ହୁଏ
ଯାତନାର ଗାତ୍ରରେ
ସୁଖର ଜ୍ୟୋତ୍ସ୍ନାଚିତ୍ର ।

ଇଏ କ'ଣ ଭଲ କଥା ?
କାଳକାଳ ମାଆପରି
ମୋତେ କୋଳେଇଥିବ ଦୁଃଖ,
ବୋହୁଥିବ-
ମୋର ଜନ୍ମଜନ୍ମ ଯନ୍ତ୍ରଣାର ଦୁର୍ବହ ବୋଝ
ଅଥଚ ଥରୁଟିଏ
ବସିବନି ମୋ' କୋଳରେ ?
ମୁଁ କ'ଣ ତାକୁ ଗେଲ କରୁକରୁ
ଦେଖେଇପାରିବିନି
କାଠହଣା ଚଢ଼େଇର ଅଷ୍ଟପାହାର ସହି
ଗଛ ଗଣ୍ଡିରେ
କେମିତି ଗଢ଼ି ହେଇଯାଏ
ଗୋଟେ କମନୀୟ କୋଣାର୍କ !

ହେଲେ, ସେ ଜମାରୁ ଶୁଣେନି
ମୋ' କଥା ।
ମୋତେ ମଥାରେ ମୁଣ୍ଡେଇ
ସଂସାରର ଭରା ନଈରେ

ପଶିପଶି
କୁଆଡ଼େ ଚାଲିଚି...
କେଜାଣି, ଏ ତା'ର କିପ୍ରକାର ଗୋପଯାତ୍ରା ?

ସତରେ, ଦୁଃଖଠୁ ଆପଣାର
କେହି ନୁହେଁ।
ଯେତେବେଳେ ଝଡ଼କୁ ଦେଖି
ସୁଖର ଚଢ଼େଇମାନେ ଲୁଚନ୍ତି ଏଣେତେଣେ
ସେତେବେଳେ
ଏଇ ଦୁଃଖ ହିଁ ଛାତିଖୋଲି
ଝଡ଼ର ସାମ୍ନା କରେ
ଏବଂ ସେପର୍ଯ୍ୟନ୍ତ ଶାନ୍ତ ହୁଏନି,
ଯେପର୍ଯ୍ୟନ୍ତ ଘାଇଲା ବାଘ ପରି
ବତାସ ଫେରି ନ ଯାଇଚି
ଲୁଚିବାକୁ ଦିଗନ୍ତ ଉହାଡ଼େ।

■■

www.ingramcontent.com/pod-product-compliance
Lightning Source LLC
Chambersburg PA
CBHW031119080526
44587CB00011B/1040
* 9 7 8 1 6 4 5 6 0 1 1 4 2 *